「仕事がしやすい」と言われる人の メール術

中川路 亜紀
Nakakawaji Aki

青春出版社

はじめに

メールを読んだとき、その文面から「仕事がしやすい」相手だと直感することがあります。

サクサクと読みやすく、ほどよくていねいで無駄がない。にもかかわらず、気持ちを配慮した言葉がワンクッション入る。こちらが次にとる行動を予測した情報提供や配慮に唸（うな）らされる……そんなメールを読むと、信頼感がふくらみます。

伝え方は重要です。どんなにていねいな言葉づかいで書かれていても、大事なことがぼやけていて用件がスッキリ頭に入ってこないメールは、読むにも返信するにも、時間がかかります。そんなメールは、書くほうも、ああでもないこうでもないと悩んで時間がかかっていることが多いものです。

メールは、シチュエーションに応じて、相手の頭に入っていきやすいように、心にも届きやすいように書く必要があります。込み入った説明が多くなるなら冒頭で用件を簡潔に知らせる、相手が不本意に感じるおそれがあるなら本題の前にワンクッション置くなど、書き方のみならず書く順番にもコツがあるのです。本書では、それを「パターン」と呼んでいます。

第1章では、10のシチュエーションごとに「パターン」を示し、「パターン」を実際に活用した文例も用意して、その場面で効果的な言葉づかいや言い換え例も解説しています。

第2章では、メールに必要な基礎知識と応用技法を15の鉄則にまとめました。メールマナーから便利な機能の利用法、時短術、敬語や頻出用語のバリエーション・用法などを網羅（もうら）していますので、困ったときに参照できます。

AIがメールを書く時代と言われますが、本書はむしろAIを使いこなすためにも必要な「伝える姿勢」を説きました。ビジネスメールに不慣れな新入社員からメールにかける時間を減らしたい人まで、本書を役に立てていただければ幸いです。

中川路 亜紀

目次

序章 相手も自分も仕事がしやすくなる！
パターンを知ればムダがない

第1章 どんなメールも迷わずスラスラ書ける！
究極のパターン10

第2章 時間をかけずに好印象！ 信頼感をさらに高めるメールの鉄則15

序章

相手も自分も
仕事がしやすくなる！

パターンを知れば
ムダがない

依頼なのか、お礼なのか、お詫びなのか、
メールのシチュエーションによって、
入れるべき内容や述べ方の順番は違います。
そのパターンを知ることで、
読みやすく信頼されるメールが
悩まず書けるようになります。

仕事がしやすい人の
メール術とは

◉「パターン」でラクに的確なメールを書く

　「仕事がしやすい！」と感じる人のメールは、スッキリ端的で、ほどよい礼儀正しさで書かれています。読む人のことを考えて、伝える内容の絞り込み方、書く順序などにも心が配られています。つまり、相手の頭と心に響く内容構成・書き方になっているのです。

　頭と心に響く内容構成というのは、相手が気持ちよく読めて、用件がスッキリ頭に入ってくるような書き方という意味です。そんなメールはたいてい、必要な内容が必要な順序で書かれているものです。

　このように、必要な内容が必要な順序で書かれているメールの形を、ここでは「パターン」と呼ぶことにします。

　「仕事がしやすい！」と言われる人の多くは、メールを手早くラクに書いています。それができるのは、実は、頭の中にこの「パターン」が入っていて、いつでも引き出せるようになっているからなのです。

◉ メールに呼吸をつくる「パターン」

　本書は、パターンをつかってメールを書くことを提案します。パターンは、従来の文例やテンプレートとは違います。

　パターンは、スマートなメールに共通する書き方を要旨、つ

まりどんな内容がどのような順番で並んでいるかという構成でとらえます（本書では、それがどうなっているかひと目でわかるように図に表しています）。

　宛名、挨拶の次に何がくるのか。いきなり用件がくるのがいいのか、それとも相手の気持ちにワンクッションを投げるのか。

　ここで息を吸って、ここで吐く。

　そんな呼吸のような流れがメールの中にはあります。その流れがスムーズだと、相手の頭と心にすんなり入るメールになります。

　中心になる用件の性質によって、どんな内容をどの順番で書くのがよいのかは違ってきます。

◉ 文例を真似るだけではうまくいかない

　本書は、依頼メールのパターン、お礼メールのパターンなど、メールの種類ごとにパターンを示し、パターンのイメージを明確にするために文例も示しています。

　文例があるとそのまま真似たくなりますが、そうすると、自分の書きたいケースがどう当てはまるのかがわからなくなって、かえって書きあぐねてしまいがちです。

　文例を真似ようとする前に、そのメールのパターンがどうなっているのかを見て、それぞれのパーツの役割を理解したほうが、自分のケースに応用しやすいのです。

◉ 時短のために「パターン」を活用する

　もちろん、パターンに示した以外の書き方もあります。メールの書き方は、多少のメールマナーはあるものの、基本的に自由です。

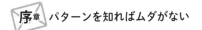

しかし、一から自由に発想して書くためには、それなりに試行錯誤する時間が必要です。

　また、ビジネスメールでは、独自性を出すことよりも、気持ちよく、わかりやすく伝えることを優先しなければならない場面が多いはずです。

　そこで、スマートなメールの共通項を抽出したパターンを活用することが、メールを書く時間を短縮する近道にもなるというわけです。また、パターンは、先にも書いたように、必要な内容を必要な順序で書いた様式なので、内容の漏れを防ぐことにも役立ちます。

●「パターン」例と共通パーツについて

　本書で示す 10 のパターンは、それぞれ右のようにパーツで構成されています。

　宛名、名乗り、挨拶、結びなど、共通するパーツもあります。パターン図では、共通のパーツは小さく示し、そのパターンに特有のパーツは大きく示して、特徴をつかみやすくしました。

　なお、共通のパーツのマナーや言い回しについては、第2章で詳しく解説していますので参照してください。

▼ パターンの例

そのまま使える
アポ・日程調整メールのパターン

● 主要4パーツで構成 ●

宛名

⇒第2章「鉄則❻ 挨拶は決まり
文句をつかう」144ページ参照

名乗り・挨拶

1 切り出し

冒頭でアポイントや日程調整のお願いを切り出します。

2 打診

希望する時期を提示したり、候補を挙げて回答を求めます。

3 条件の補足

予定等について補足したり、調整がつかない場合の対応について書きます。

4 予定・期限

念のため、返事がほしい期限を書いておきます。

⇒第2章「鉄則❼ 結びも定型
文を常備」148ページ参照

結び

パターンで書き直すとこうなる
〈その1〉

×「なんの用？」と思われるだらだらメール

※吹き出しは相手の気持ち

□□社
鈴木様

先日、△△△△情報交換会で名刺交換をさせていただき
ました○○社の佐藤と申します。

その折は、鈴木様の海外でのさまざまなご体験を
お聞きし、たいへん勉強になりました。
ありがとうございました。

**何の
用件だろう？**

弊社では今、海外への販売戦略を検討しておりますが、
若い会社であるため経験不足を痛感しているところです。

先日のようなお話を、ぜひ弊社担当者にも
聞かせたいと思いました。

仕事の依頼？

鈴木様はさまざまなコンサルティングを行っていらっし
ゃるということですが、ご多忙でしょうか。
もしもよろしければ、弊社のほうにも一度お越しいただ
けないかと考えております。
とりあえず、一度簡単なレクチャーを
お願いすることは可能でしょうか。

**そういう
ことか…**

ご都合のほど、お返事をいただけましたら幸いです。
どうぞよろしくお願い致します。

→ 「依頼・交渉」 メールのパターン (22ページ) で書く

切り出し 📧1 ― 経緯の説明 📧2 ― 依頼内容 📧3 ― 打診 📧4 ― 予定・期限 📧5 の主要5パーツで構成。依頼のメールは長くなりがちだが、依頼内容を冒頭で切り出すことで読みやすくなる。

⭕ 用件を最初に切り出す

> □□社
> 鈴木様
>
> 先日、△△△△情報交換会で名刺交換をさせていただきました○○社の佐藤と申します。
>
> 本日は、鈴木様に一度、弊社担当者へのレクチャーをお願いできないかというご相談で連絡致しました。　　　📧1 切り出し
>
> 弊社では、これまで国内で展開してきた△△△△事業の海外進出を検討しておりますが、経験不足から明確な戦略を打ち出すことができずにおります。
> 情報交換会でお話をお聞きし、目から鱗の思いでした。　　　📧2 経緯の説明
>
> そこで鈴木様に、弊社担当者に海外市場についての初歩的なレクチャーをお願いできないかと考えております。　　　📧3 依頼内容
>
> まずは8月までの間で一度と考えておりますが、いかがでしょうか。　　　📧4 打診
>
> 誠に勝手ではございますが、来週の会議で提案したく、お返事をお待ちしております。
> なにとぞよろしくお願い申し上げます。　　　📧5 予定・期限

パターンで書き直すとこうなる
〈その2〉

×「言い訳している?」と思われるだらだらメール

※吹き出しは相手の気持ち

鈴木様

□□社の佐藤です。
日頃は格別のお引き立てを賜り、
誠にありがとうございます。

> え?
> 上司のせい?
> いつくれるの?

本日までにお送りすることになっておりました
△△に関するお見積もりなのですが、
上司が夏休みをとっており、決裁が得られない
状態になっております。

> 言い訳?
> 社内の愚痴?

弊社では、休暇中に業務データなどを持ち出すことが
禁じられており、不便をしております。

来週の月曜日にはお送りできるかと思います。
たいへん遅くなってしまい、申し訳ありません。

> それを
> 早く言ってよ

今後はこのようなことのないよう、気をつけたいと
思います。
なにとぞよろしくお願い致します。

→ 「お詫び・訂正」メールのパターン(100ページ)で書く

お詫びする事柄 ☝1 — お詫び ☝2 — 経緯の説明 ☝3 — 今後への言葉 ☝4
の主要4パーツで構成。お詫びのメールの場合は、現状説明と
お詫びの言葉をなるべく前に書く。

○ 冒頭できっぱり詫びる

□□社の佐藤です。

本日までのお約束になっておりました
△△に関するお見積もりですが、
手違いのため、お送りするのが来週の月曜日に
なってしまいます。

☝1
お詫びする事柄

誠に申し訳ありません。

☝2
お詫び

お約束に間に合うように準備しておりましたが、
上司が不在のため決裁が得られず、
お送りできなくなってしまいました。
私の確認不足でした。
ご迷惑をおかけ致しますこと、
心よりお詫び申し上げます。

☝3
経緯の説明

今後はこのようなことのないよう心がけてまいります。
引き続きよろしくお願い申し上げます。

☝4
今後への言葉

迷わず書き始められる 基本10パターン

　本書では、メールの種類により基本の10パターンを示し、第1章で解説しています。以下は、各パターンを図に表したもの。内容に応じて読みやすく、的確な構成を示しているので、このパターンにそって書くことで、ラクに速くメールが書けます。

❶：依頼・交渉
「切り出し」で用件を伝える

　依頼・交渉のメールは、説明すべきことが多く、長くなりがちです。最初に用件を切り出すことで、相手にそのつもりで読んでもらうことができ、複雑な内容も頭に入りやすくなります。

❷：アポ・日程調整
日時等の条件をうまく提示する

　アポイントの場合も、最初に「打合せをしたい」など、アポイントをとりたい旨を切り出し、日時などの候補を提示して打診します。相手とのやりとりの回数を少なくするためには、適度な詰め方で条件を示す必要があります。

パターン3
案内・通知

□□□□□□□□
□□□□□□□□□□□□□

| 日頃へのお礼 |
| 切り出し |
| 案内の詳細 |
| 出欠確認・誘い |

❸：案内・通知
呼びかけのあと必要情報をまとめる

　案内メールでは、挨拶のあと、案内したいイベントなどの趣旨を、端的に伝えます。日時・場所などは、箇条書きにするなどして、後から見ても、ひと目でわかるように工夫する必要があります。

パターン4
異動・転職の挨拶

□□□□□□□□
□□□□□□□□□□□□□

| 事実のお知らせ |
| お礼の言葉 |
| 今後への言葉 |

❹：異動・転職の挨拶
いきなり事実を切り出してよい

　異動や転職等の挨拶は、相手との関係が変わるという意味で難しい連絡です。冒頭から事実を書き、お世話になったお礼や今後の抱負を書くのが、紙の手紙の時代からの伝統的な様式になっています。

パターン5
お礼

□□□□□□□□
□□□□□□□□□□□□□

| 経緯とお礼 |
| よかったこと |
| 重ねてのお礼 |
| リアクションなど |

□□□□□□□□□□□□□□□

❺：お礼
挨拶ぬきで感謝を伝える

　お礼メールは、「これこれに、感謝しています」という経緯の説明とお礼の言葉から入ります。挨拶を入れると謝意が重複するので割愛。具体的な「よかったこと」を書くと、感謝の気持ちがより伝わります。

❻：言いにくい返信

ワンクッションおいてさらりと書く

指摘や修正の要望を伝えなければならないときは、まず受け取ったお礼などポジティブなひとことを置いて、本題に入ります。指摘は端的に、感情をまじえず、さらりと書きます。

パターン6
言いにくい返信

□□□□□□□
□□□□□□□□□□□□□□

受けとめ

指摘

修正・検討のお願い

□□□□□□□□□□□□□□

❼：催促

進捗状況などの確認から入る

催促のメールでは、進捗状況などを確認する文から始めます。その部分だけで催促の意味を含んでいますが、さらにこちら側の事情を説明したり、次の期限を切ったりして、明確に催促します。

パターン7
催促

□□□□□□□
□□□□□□□□□□□□□□

状況を聞く

遅れると困る理由

催促・期限

□□□□□□□□□□□□□□

❽：お断り・辞退

まず言い訳なしで結論を伝える

お断りメールは、まず申し出をもらったことへのお礼でワンクッション置き、続けて、言い訳なしで結論（断る）を伝えます。事情を説明したいときは、その後で。お詫びの言葉を添えます。

パターン8
お断り・辞退

□□□□□□□
□□□□□□□□□□□□□□

申し出へのお礼

お断り

お詫び・遺憾の意

今後への言葉

❾：お詫び・訂正

事実を端的に報告し詫びる

　お詫びメールは、最初にミスなど詫びなければならない事実を報告し、お詫びの言葉をつなげます。経緯の説明は、事実の報告やお詫びの言葉の後にしたほうが、言い訳がましくなりません。

<table>
<tr><td>パターン9
お詫び・訂正</td></tr>
<tr><td>□□□□□□□□
□□□□□□□□□□□□□</td></tr>
<tr><td>お詫びする事柄</td></tr>
<tr><td>お詫び</td></tr>
<tr><td>経緯の説明</td></tr>
<tr><td>今後への言葉</td></tr>
</table>

❿送り状・確認依頼

送ることを通知し詳しく説明

　送り状は、添付もしくは郵便などで別送する書類などについて、「送りますよ」と通知するメールです。冒頭に通知する文を置き、続けて付随するお願いごとや説明などを整理して書きます。

<table>
<tr><td>パターン10
送り状・確認依頼</td></tr>
<tr><td>□□□□□□□□
□□□□□□□□□□□□□</td></tr>
<tr><td>送付する旨の通知</td></tr>
<tr><td>送付物の説明やお願い</td></tr>
<tr><td>□□□□□□□□□□□□□□</td></tr>
</table>

第1章

どんなメールも迷わず
スラスラ書ける!
究極の
パターン10

お礼のメールに
「お世話になっております」はなくてもいい。
言いにくいことを書くときは
謝意のフレーズでワンクッション置く。
賢く気が利いてムダのないメールには、
そんな極意のパターンがあります。
この章では、シチュエーションに応じた
10のパターンを一挙に図解で解説します。

依頼・交渉

件名：ご講演のお願い（△△社・鈴木）

東西大学
□□□□先生

△△社の鈴木と申します。
□□学会の加藤様にご紹介いただき、メールを差し上げて
おります。

実は、来年4月に予定しております弊社の新入社員研修で、
先生にご講義をお願いしたく、ご連絡させていただきました。

弊社は、業界の老舗として・・・・・・・・・・・・
＜略＞

そこで、来春の新入社員研修では、ぜひとも□□□□先生に
「□□□□□」についてのお話をいただければと考えてお
ります。
日程は、4月上旬の平日の午後で、
場所は、本社（港区）の研修室を予定しております。

ご多忙のところ、突然のお願いで申し訳ありません。
ご都合等、いかがでしょうか。

たいへん勝手ではございますが、
今月末までにお返事をいただけましたら、幸いに存じます。

なにとぞよろしくお願い申し上げます。

① 依頼・交渉
② アポ・日程調整
③ 案内・通知
④ 異動・転職の挨拶
⑤ お礼
⑥ 言いにくい返信
⑦ 催促
⑧ お断り・辞退
⑨ お詫び・訂正
⑩ 送り状・確認依頼

そのまま使える
依頼・交渉メールのパターン

● 主要5パーツで構成 ●

宛 名

▼
▼

名乗り

▼
▼

1 切り出し

冒頭部分で用件を端的に切り出します。

▼
▼

2 経緯の説明

依頼する理由や経緯を説明します。

▼

3 依頼内容

具体的な依頼内容・条件を説明します。

▼
▼

4 打診

相手の意向を聞く言葉を書きます。

▼
▼

5 予定・期限

納期もしくは今後のスケジュールについて書きます。

▼
▼

結 び

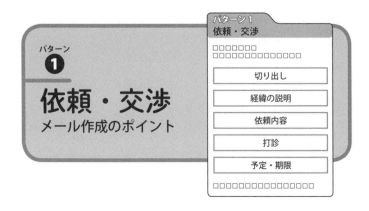

パターン
❶

依頼・交渉
メール作成のポイント

パターン1
依頼・交渉

□□□□□□□
□□□□□□□□□□□□□

| 切り出し |
| 経緯の説明 |
| 依頼内容 |
| 打診 |
| 予定・期限 |

□□□□□□□□□□□□□□□

ポイント1　「切り出し」を入れる

　依頼のメールは、伝えるべき内容が多く、長く複雑になりがちです。伝えたい情報は多岐にわたるでしょう。特に初めての相手には、自社の説明、経緯の説明も必要です。あれもこれもと書いていくと、長々と迷走するメールになります。

　そこでまず、本題に入るところで「切り出し」の言葉を入れて方向性をはっきりさせます。最初に用件を明確にすることで、相手はその後の部分を「依頼に関係する情報」として読むことができ、頭に入りやすくなるからです。

ポイント2　端的に、キャッチボールで

　続けて「経緯の説明」（依頼の理由）、「依頼内容」と書き進めますが、このメインの部分を端的にまとめることが重要です。コツは、情報をフルで入れようとしないこと。

　依頼メールの初回では、イエスの返事をもらうために必要な最低限の情報に絞り込むようにします。細かい内容は、承諾をもらった後のやりとりの中で順を追って伝えてもよいのです。

①
依頼・交渉

②
アポ・
日程調整

③
案内・通知

④
異動・転職
の挨拶

⑤
お礼

⑥
言いにくい
返信

⑦
催促

⑧
お断り・辞退

⑨
お詫び・訂正

⑩
送り状・
確認依頼

ポイント3) 聞き返す手間はとらせない

伝える内容を絞りこむといっても、相手が承諾するかどうかを判断するために必須の情報は落とさないように気をつけます。日時や場所の情報、量や期限の情報など依頼内容によって異なりますが、鍵になる情報を落とすと、相手に聞き返す手間をかけてしまいます。

ポイント4) 自信を持ってアピールする

初めての相手の場合、厚かましいと嫌われるのではないかという気持ちから、遠慮がちな書き方、自信のない書き方になってしまいがちです。もちろん、敬語をつかって礼儀正しく書くことは大切ですが、「この人にお願いしたい」という根拠を自分の中で明確にもって、自信をもってきっぱりした言葉でお願いしたほうが、相手も決めやすくなります。

たとえば、「ご高名な先生に弊誌のような小さな媒体の原稿をお願いするのはたいへん恐縮ですが…」というようなへり下りはかえって印象を悪くすることがあります。「弊誌は目下○○化の先端に位置する○○の開発者を主たる読者としており、先生からのご示唆はその指標になるものと考えております」などと、積極的な理由を打ち出したほうが心に響きます。

ポイント5) まとめて打診する

依頼内容を展開し終えたら、「いかがでしょうか」等の「打診」の言葉を入れて、相手の意向をたずねます。依頼の条件を説明し、そのつど相手の意向を聞くような書き方をすると、もたもたした印象になるので、打診の言葉はなるべくまとめて1

回書く程度にします。

　詳細は会って話す段取りにする場合もあります。複雑な内容、相手の反応を見たい内容は、会って伝えるほうがよい場合もあります。その場合は「まずは話を聞いてほしい」という打診になります。

！初めての相手の場合に気をつけること

　パターンで示した文例は、面識のない相手に依頼するケースになっています。その場合、自分で調べたり誰かから紹介されたりして、メールや電話で初めての接触を試みることになるでしょう。知らない人からの連絡を受け取ったとき、相手はまず、信頼できるところからの連絡なのかどうか警戒するはずです。

　メールでアプローチする場合は、文例のように、挨拶の中で、どこでメールアドレスを入手したかを簡単に説明します。

　仲介者は、相手に対してメールアドレスを第三者に教えてよいかどうか確認しているはずですから、このように書けば、関係がわかって安心してもらえます。

　自社についての説明は、「経緯の説明」の部分でなるべく簡単に伝え、詳細は URL を入れてホームページで見てもらうようにします。初めての相手に、重いカタログファイルなどを添付するのは避けたほうがよいでしょう。

！報酬にふれるべきか？

　相手が受けるかどうかを判断する重要な要素に報酬があります。

　仕事の範囲が明確な場合やレギュラーな取引先である場合

は、最初から報酬を明示して依頼することも少なくありません
が、相手が大御所で、最初からお金のことを書くのは失礼に思
われる場合は、あえて初回では示さず、後ですり合わせると
いうやり方もされています。分野によって慣わしがあります。
たとえば、文例のような講師依頼であれば、「ご謝礼は、些少
にて誠に失礼ではございますが、15万円を予定しております」
などの書き方で伝えてもよいでしょう。

① 依頼・交渉
② アポ・日程調整
③ 案内・通知
④ 異動・転職の挨拶
⑤ お礼
⑥ 言いにくい返信
⑦ 催促
⑧ お断り・辞退
⑨ お詫び・訂正
⑩ 送り状・確認依頼

こんな悩みでタイムロス

「お願い致します」を何度も書いてしまう

　依頼メールでは、「お願い」というフレーズが何度
も出てきてしまい、いかにも下手な文面になってしま
うのが悩みの種。重複を避けるために、次のような言
い回しも覚えておくと便利です。

<例>
今回は○○に関する内容でお願いしたいと思っておりま
す。
締め切りは5月15日でお願い致します。
どうぞよろしくお願い致します。

今回は○○に関する内容をお書きいただきたいと思ってお
りますが、いかがでしょうか。
5月15日までにおまとめいただけましたら幸いです。
どうぞよろしくお願い致します。

＊「幸いです」のバリエーションとして「助かります」「幸甚に存じます」
などの言い回しも覚えておこう。

件　名：来年度の□□□□調査について

□□社
小林様

△△社の山田です。
お世話になっております。●1

本日は、新しい調査プロジェクトについてのご相談があり、
ご連絡いたしました。

┌**1**┐
切り出し

弊社では、来年の春に□□□□についてのオンライン調査
を実施する計画があり、現在、検討中です。

┌**2**┐
経緯の説明

そこで、オンライン調査を幅広く手がけておられる貴社に●2
企画から分析までのお手伝いをいただけないものかと
考えております。
実施時期は、20XX年4月を予定しております。

┌**3**┐
依頼内容

まずは、規模や予算など、弊社の計画をご説明して、
ご相談したく存じますが、いかがでしょうか。

┌**4**┐
打診

たいへん勝手ではございますが、
今月末までに一度、お時間をいただけるようでしたら
ありがたく存じます。●3

┌**5**┐
予定・期限

なにとぞよろしくお願い申し上げます。

依頼内容・時期など コンパクトにまとめる

　すでにおつきあいのある相手の場合、いろいろ省略できる部分もありますが、基本パターンは同じです。

▶1　挨拶は、久しぶりの相手でも、取引がある相手には、「お世話になっております」のワンパターンでかまいません。前回やってもらった仕事へのお礼を挨拶がわりにするのもよい方法です。

> **言い換え**　昨年は、□□の報告書をまとめていただき、ありがとうございました。

▶2　おつきあいのある相手は「ツーカー」で行ける場合も多いと思いますが、重要な依頼であることを強調するために、経緯を説明するのもよいアプローチです。

> **○×？**　「貴社」「□□社様」どっち？
> 本来「様」は個人名につける敬称なので、あて名として書く場合は会社名には「御中」をつけます。一方、会話やメールで相手の会社にふれる場合は、「□□社様」「□□社さん」も一般化しているので、失礼に感じる人はいないでしょう。避けたい場合は、このように「貴社」「御社」などの表現にします。

▶3　今後の予定に余裕がない場合はそのことを詫びます。

> **言い換え**　急なお願いで申し訳ありませんが、今月中には計画を提出しなければならず、早めにご相談できましたら助かります。

❶ 依頼・交渉
❷ アポ・日程調整
❸ 案内・通知
❹ 異動・転職の挨拶
❺ お礼
❻ 言いにくい返信
❼ 催促
❽ お断り・辞退
❾ お詫び・訂正
❿ 送り状・確認依頼

件　名：RE: □□□チラシ制作のお願い

佐藤様

□□社の渡辺です。
お世話になっております。

□□□チラシの納期についてご相談があり、　●1
ご連絡いたしました。

① 切り出し

本日、□□協会の上田様からご連絡があり、
急遽 11 月 20 日開催の大規模イベントで□□□チラシを
配布することになり、間に合わせたいとのことでした。

② 経緯の説明

逆算しますと、データの納期を 1 週間早めていただき、
遅くとも来月 10 日までにいただく必要があります。

③ 依頼内容

急なお願いになってしまい、たいへん申し訳ありません。
納期を早めていただくことは可能でしょうか。　●2

④ 打診

先方には、明日までにお返事することになっております。
折り返しお返事をいただけましたら助かります。　●3

⑤ 予定・期限

なにとぞよろしくお願い申し上げます。

🔲 シチュエーションに応じた書き方

発注者から受注者へ、無理難題がふりかかってくることはよくあります。自分が発注側である場合も、相手の状況をふまえて、ていねいにお願いすることが必要です。

▶**1** 「ご相談があります」は、何か新たな条件を持ち出すときによくつかうフレーズ。表向きではない用件、個人的な用件の場合は、「折り入ってご相談があります」という言い方もします。

▶**2** 無理なお願いの場合は、「してください」ではなく、できるかどうかを聞く形にするとソフトになります。

> **言い換え**
> ・早めていただくことはできますでしょうか。
> ・早めていただくわけにはまいりませんでしょうか。

▶**3** このように大至急の場合には、返事を急いでほしいことも書き添えること。ここでの「折り返し」は、メールを読んだらすぐ、あるいはなるべく早くという意味になります。

❶ 依頼・交渉

❷ アポ・日程調整

❸ 案内・通知

❹ 異動・転職の挨拶

❺ お礼

❻ 言いにくい返信

❼ 催促

❽ お断り・辞退

❾ お詫び・訂正

❿ 送り状・確認依頼

件名：□□メンテナスの打合せについて

□□株式会社総務部総務課
鈴木様

△△社の斉藤です。
お世話になっております。

□□のメンテナンスの件、うかがったご希望をもとに技術
的な検討を進めているところですが、メンテナンスの範囲
や作業内容について、一度お目にかかってご相談したく存
じております。

つきましては、来月上旬にでもお時間をいただければと思
っておりますが、いかがでしょうか。

誠に勝手ではございますが、第1週の3日（木）、4日（金）
は先約があり、お伺いできません。
その他の日でご都合のよい時間をご指定いただけました
ら、ありがたく存じます。

ご多忙のところ、誠に恐縮ではございますが、
今週末くらいまでにお返事をいただけますと助かります。

なにとぞよろしくお願い申し上げます。

❶ 依頼・交渉

❷ アポ・日程調整

❸ 案内・通知

❹ 異動・転職の挨拶

❺ お礼

❻ 言いにくい返信

❼ 催促

❽ お断り・辞退

❾ お詫び・訂正

❿ 送り状・確認依頼

そのまま使える アポ・日程調整メールのパターン

●主要4パーツで構成●

宛　名

▼
▼

名乗り・挨拶

▼
▼
▼

1 切り出し

▼ 冒頭でアポイントや日程調整のお願いを切り出します。
▼
▼

2 打診

▼ 希望する時期を提示したり、候補を挙げて回答を求め
▼ ます。

3 条件の補足

▼ 予定等について補足したり、調整がつかない場合の対
▼ 応について書きます。

4 予定・期限

▼ 念のため、返事がほしい期限を書いておきます。
▼
▼

結　び

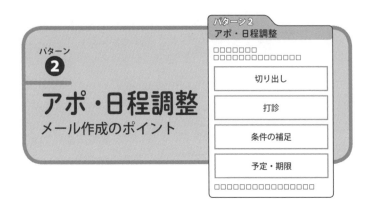

パターン
❷
アポ・日程調整
メール作成のポイント

パターン2
アポ・日程調整

□□□□□□□□
□□□□□□□□□□□□□

| 切り出し |
| 打診 |
| 条件の補足 |
| 予定・期限 |

□□□□□□□□□□□□□□□

（ポイント1） **打合せや会議をお願いする**

　打合せのアポイントや会議の日程調整をお願いするメール
は、相手がなるべく簡単に回答できるように考えて書きます。
　「**切り出し**」では、どういう趣旨でどういう打合せ・会議を
もちたいのかを明確に説明します。定期的な会議の場合は、会
議名を書くだけで相手は内容もわかるはずですが、何か特別な
説明が必要な場合は、最初のところで書いておきます。

（ポイント2） **都合の聞き方いろいろ**

　「**打診**」の部分では、こちらの希望の候補日を示して、相手
の都合を聞きます。
　冒頭の文例のように、大まかな時期を設定して選んでもらう
と、相手の選択の範囲を広くできますが、多忙な人同士ではも
う少し絞って提示しなければならないことが多いでしょう。
　方法を整理すると、右ページのようになります。
　自分のスケジュールの空き具合、調整しなければならない人
数などによって、合う方法を選びます。①②は、添付ファイルや

アポ・日程調整メールでの都合の聞き方

① 比較的長い期間を示し、こちらの都合も付記した上で相手に決めてもらう（32ページの文例参照）。

② メール本文中に日時の候補を2〜5例くらい列挙して選んでもらう。

> 次のいずれかの日程でと考えておりますが、ご都合はいかがでしょうか。
> 6月2日（火）午後2時〜3時
> 6月4日（木）午後3時〜4時
> 6月8日（月）午前11時〜12時

③ ○×などで都合を記入できるカレンダーをエクセルで作成して添付する。

（添付ファイル例）
○×をご記入ください。

日	10:00-11:30	14:00-15:30
7月10日（月）		
7月11日（火）		
7月12日（水）		

④ ネット上の日程調整ツールやカレンダー共有機能を利用する。

日程調整ツールは、都合を記入できて集計してくれるネット上のサービス。メンバーにはサイトのURLを送る。

グーグルなどのカレンダーを共有する方法もある。

① 依頼・交渉
② アポ・日程調整
③ 案内・通知
④ 異動・転職の挨拶
⑤ お礼
⑥ 言いにくい返信
⑦ 催促
⑧ お断り・辞退
⑨ お詫び・訂正
⑩ 送り状・確認依頼

ブラウザを開かずにすむ分、答える側の負担が小さくなります。

ポイント3 スケジュール検討に必要な情報を

「条件の補足」の部分では、日程候補についての条件や説明を補い、相手がスケジュールを検討する際に必要な情報を書き添えます。

本節冒頭の文例のように自分の都合を伝える必要がある場合もあります。

会場の場所や交通の便（所要時間）などの情報も提供しておくと、相手がスケジュールを検討するときに助かります。

オンラインでの打合せや会議が増えて、実施方法に関しても、相手の希望を聞いて決めるケースが多くなっています。

ポイント4 アポがせめぎ合う相手には期限を

「予定・期限」の部分では、回答の期限を書きます。

アポイントの依頼や日程調整のメールには、その場で返信してくれる人が多いはずなので、返信期限などを書いては失礼だと思う人もいるでしょう。

しかし、返信期限がないと相手が困る場合もあります。

たとえば、相手が複数の日程調整依頼を受けているような場合です。重要な案件を優先する、日程の選択の幅が狭い案件を優先するなど、決め方は人それぞれですが、返信期限が示されてあれば、ぎりぎりまで待って重ならないように調整することもできます。忙しい相手ほど期限を必要としていることが多いのです。

メインメンバーがいるときの手順に迷う

　課内会議の課長、送別会で送別される人などメインになるメンバーのスケジュールは重要です。メインメンバーが都合の悪い日にはセッティングできません。

　メインメンバーの都合は先に確認して、その人がダメな日を除いて日程候補をまとめたほうが、ほかの人にとっても効率的です。

＜メインメンバーへの打診フレーズ＞

…つきましては、山本さんのご都合のよい日に、販売課で送別会を開きたいと考えておりますが、いかがでしょうか。よろしければ、３月末までの間で、山本さんのご都合のよい日をお知らせいただき、日程調整をさせてください。勝手ですが、候補日はなるべく多めにいただけますと助かります。

① 依頼・交渉

② アポ・日程調整

③ 案内・通知

④ 異動・転職の挨拶

⑤ お礼

⑥ 言いにくい返信

⑦ 催促

⑧ お断り・辞退

⑨ お詫び・訂正

⑩ 送り状・確認依頼

件　名：□□連絡会の日程調整のお願い

各位

□□連絡会事務局を務めます□□社の鈴木です。
日頃は、会の運営にご協力いただきまして、誠にありがとうございます。

前回会議でお知らせ致しましたとおり、
□□連絡会第3回会議を来年2月に予定しております。
つきましては、皆様に日程調整をお願いしたく、
ご連絡を差し上げました。

☞1
切り出し

お手数ですが、添付の日程調整表にご都合をご記入いただき、
メール添付にてご返信ください。

☞2
打診

前回と同じ会場を予定しております。
会議室□□□□ホール（新宿区新宿0-0-00
□□ビル5階 JR新宿駅南口より徒歩3分）

☞3
条件の補足

会場を予約する都合上、11月25日までに
ご返信いただけますと助かります。

☞4
予定・期限

ご多忙のところ恐れ入りますが、
なにとぞよろしくお願い申し上げます。

❶ 依頼・交渉

❷ アポ・日程調整

❸ 案内・通知

❹ 異動・転職の挨拶

❺ お礼

❻ 言いにくい返信

❼ 催促

❽ お断り・辞退

❾ お詫び・訂正

❿ 送り状・確認依頼

大人数の調整は 長めのスパンを設ける

　大人数のメンバーを集めて会議などを開くような場合は、ある程度の期間を設けたカレンダーを用意して都合を記入してもらうと日程を絞りやすくなります。

　回答方法は、どのメンバーも答えやすいように配慮することが必要です。

▶1 「つきましては」は、「そこで」という意味のていねいな言い回しで、用件を切り出すときによくつかわれます。経緯や事情を説明したあと、「つきましては」と本題を切り出します。

> 言い換え

・つきましては、皆様のご都合をお伺いしたく、ご連絡を差し上げております。

・つきましては、開催日時につき、皆様の日程調整をさせていただきたく、お願い致します。

▶2 「メール添付」はペーパーレスでできるよい方法ですが、相手によって事情がさまざまである場合には、複数の方法を提示するのもよいでしょう。

> 言い換え　添付の日程調整表にご記入していただき、メール添付にてご返信いただくか、ファックスにて00-0000-0000までお送りください。

件　名：再調整をお願いします RE: □□□打合せのお願い

鈴木様

□□社の山本です。
お世話になっております。

実は、先日ご調整いただいた打合せの日程ですが、
急な事情で、変更をお願いしなくてはならなくなりました。
たいへん申し訳ありません。

○1
○2
切り出し

以前のメールで、ご都合のつく日として、
15日午後2時を挙げてくださっていましたが、
こちらに変更していただくことは可能でしょうか。

2
打診

もしもすでにご予定が入っていらっしゃるようでしたら、
ほかにご都合のつく日を挙げていただけますと
助かります。

3
条件の補足

お返事をお待ちしております。

○3
4
予定・期限

よろしくお願い致します。

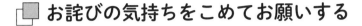

お詫びの気持ちをこめてお願いする

　リスケジュールは、せっかく相談して決めた日程を決め直すことになり、相手に迷惑がかかるので、お詫びの気持ちをこめてお願いします。

　と言っても、何度も詫びたり、言い訳を書いたりするのは、かえって相手の負担感を増すおそれがあるので、さらりと書いたほうがよいでしょう。

▶1　都合が悪くなった理由は、必要がなければ、特にふれないようにします。「ほかに用事ができた」などは、相手を軽んじることになるので、書かないほうがよいでしょう。

言い換え

・のっぴきならない事情により

・誠に勝手ながら

▶2　多忙な相手にようやく調整してもらった日程だった場合などは、お詫びの言葉を少し重くしてもよいでしょう。

言い換え　せっかくご予定いただきましたのに、ご迷惑をおかけすることになってしまい、たいへん申し訳ございません。

▶3　無理をお願いしていて期限が書きにくい場合は、「お返事をお待ちしております」という書き方で、早めの返信がほしいことを控えめに表現します。期限を設ける場合は次のように言い換えます。

言い換え　勝手なお願いばかりで恐縮ですが、今週中にお返事をいただけましたらありがたく存じます。

❶依頼・交渉
❷アポ・日程調整
❸案内・通知
❹異動・転職の挨拶
❺お礼
❻言いにくい返信
❼催促
❽お断り・辞退
❾お詫び・訂正
❿送り状・確認依頼

件名：第2回販売店会議のお知らせ

販売店各位

□□社営業部営業第一課の高橋です。

日頃は、当社□□□□の販売にご尽力を賜り、
誠にありがとうございます。

さて、今年度2回目となります販売店会議を9月1日に開
催することとなりましたので、ご案内申し上げます。

日時　9月1日（木）午後2時～4時
会場　□□□ホテル　鶴の間
　　　東京都渋谷区恵比寿 0-0-0
　　　JR 山手線・東京メトロ日比谷線　恵比寿駅徒歩5分
　　　https:// www.abcd.co.jp/hotel/access/
　　　＊駐車場もご利用いただけます。
議事　1　弊社社長よりご挨拶
　　　2　20XX 年上期営業報告
　　　3　販売事例報告
　　　4　意見交換
会議資料は事前にメールにてお送りしますが、
当日机上にも用意致しますのでご持参は不要です。

誠に恐れ入りますが、ご出欠について7月20日までにお
知らせください。

ご多忙の折とは存じますが、皆様の忌憚のないご意見を賜
りたく、ご出席のほどお願い申し上げます。

そのまま使える
案内・通知メールのパターン

●主要4パーツで構成●

宛　名

▽
▽

名乗り

▽
▽

1 日頃へのお礼

お知らせするメンバーへの挨拶として、日頃へのお礼を書きます。ただし、社内への通知などの場合は省略可。

2 切り出し

何の案内なのかを、最初に明確に書きます。軽く説明や経緯を添える場合もあります。

3 案内の詳細

日時や場所などの詳細な情報を整理して書きます。紙の文書では「記書き」として書く部分です。

4 出欠確認・誘い

念のため、返事がほしい期限を書いておきます。結びの言葉を含んで書く場合も多いでしょう。

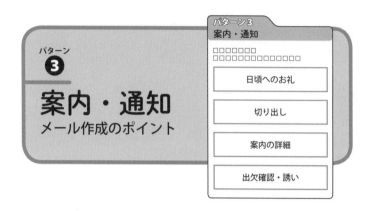

パターン
❸

案内・通知
メール作成のポイント

パターン3
案内・通知

| 日頃へのお礼 |
| 切り出し |
| 案内の詳細 |
| 出欠確認・誘い |

ポイント1 **儀礼的な挨拶を入れる**

　会議の案内は、社内会議など相手が当然出席すべき義務を負っている場合と、社外メンバーとの連絡会議など出席が義務ではない場合では書き方が違います。冒頭文例では後者、つまり関係者がある程度自由意志で出席する社外会議等の案内を想定しています。

　最初に「いつもお世話になっております」の挨拶の代わりに、少していねいな「**日頃へのお礼**」を入れるとスマートになります。これは、やや儀礼的に日頃の取引や協力に礼を言うもので、「お世話になっております」よりもかしこまった表現です。

　展示会やプレスリリース、何かの式典などに招待する案内にも、同じような挨拶を入れます。

「日頃へのお礼」のバリエーション

日頃は弊社事業にご協力を賜り、誠にありがとうございます。

❶ 依頼・交渉

❷ アポ・日程調整

❸ 案内・通知

❹ 異動・転職の挨拶

❺ お礼

❻ 言いにくい返信

❼ 催促

❽ お断り・辞退

❾ お詫び・訂正

❿ 送り状・確認依頼

日頃は当社サービスをご利用いただき、誠にありがとうございます。

平素は格別のお引き立てを賜り、厚く御礼申し上げます。

いつも当店をご愛顧いただき、心より感謝申し上げます。

日頃は当会の活動にご理解ご支援を賜り、誠にありがとうございます。

ポイント2 何の知らせであるかを宣言する

「切り出し」の部分では、何の案内であるかを書きます。必要に応じて、「こういう流れで」「こういう理由で」開催することになりましたという経緯についても説明します。

「さて」「このたび」などの言葉を頭において、「日頃へのお礼」からの話題転換をします。

ポイント3 必要な情報をもれなく案内

「案内の詳細」の部分には、来てもらうために必要な情報をもれなく記載します。

紙の文書で言う「記書き」の部分に入れる内容です。

「記書き」は、メールではほとんど用いられませんが、紙の文書でつかわれる形式です。案内や通知の文書で、挨拶、趣旨、誘いの言葉を書いて本文を結んだ後に、「記」という文字を左右中央に置いて区切り、日時・場所などの必要情報を箇条書き

にします。

　メールでは、「記書き」にせず、ここで示している順番で、普通に流して書くのが一般的です。

　なお、会社の文書規定に従って発出する案内・通知などでは、通知文書をワードなどで紙文書として作成し、メールに添付する場合もあります。その場合も、日時や場所はメール本文にも書き出しておいたほうが相手はすぐに確認できて助かります。

＜紙文書の案内状の例＞

20XX 年 6 月吉日

お客様各位

株式会社□□□□

□□□事業部

（担当・中村）

□□□セミナーのご案内

　日頃は格別のお引き立てを賜り、誠にありがとうございます。

　このたび弊社では、□□□の新モデルの導入支援セミナーを開催することになりました。□□□のデモンストレーションも体験していただけるよう準備しておりますので、ぜひともご来場いただきたく、ご案内申し上げます。

記

日時　　10 月 20 日（水）午後 1 時～ 3 時
会場　　□□□□□□センター
　　　　東京都豊島区東池袋 0-0
　　　　東京メトロ東池袋駅徒歩 5 分　JR 池袋駅徒歩 12 分
お申込みは、中村（nakamura@shikaku.co.jp　TEL 00-0000-0000）までお願い致します。弊社ホームページ https://shikaku.co.jp/ でもご案内しております。

以上

ポイント4 必要に応じて出欠確認を

　案内・通知メールの最後は、「出欠確認」について書いたり、「誘い」の言葉で締めくくる形が多いでしょう。

　出欠確認が不要なイベント等の場合は、お誘いの言葉だけを入れます。また、社内会議などの場合は、欠席連絡を求める文章を入れて、誘いの言葉は書きません。

こんな悩みでタイムロス

「万障お繰り合わせの上」をつかえない場面？

　「万障お繰り合わせの上、ご参加ください」は招待状などの常套句で、手紙文でよくつかわれてきました。「いろいろ不都合があってもなんとか都合をつけてきてくださいね」という意味で、熱心に誘うことで相手への敬意を表す伝統的な言い回しです。

　ところが、ネット記事に「意味が強すぎるので、気軽につかってはいけない」「参加の自由度によってつかい分けるべき」とアドバイスしているものがあり、迷ってしまう人もいるようです。

　確かに、伝統的な言い回しですので、気軽にお誘いしたい場合には不向きですが、かしこまってお誘いしたいのであれば、広くつかえる表現です。

　ネット上には、言葉づかいに関する根拠のない記事も少なくないので、振り回されすぎず、自分がしっくりくる表現を選びましょう。

パターン活用例 ● 催しの案内

件　名：□□□新作ファブリック展示会のご案内

□□社
高橋様

△△社営業部の佐藤です。

日頃は当社製品にひとかたならぬご愛顧をいただき、
誠にありがとうございます。

1 日頃へのお礼

このたび、私どもでは、
20XX 年春の新作ファブリック展示会を
開催する運びとなりましたので、ご案内申し上げます。
●1

2 切り出し

日時　2月1日（月）〜3日（水）11:00am〜16:00pm
会場　□□□ホール
　　　東京都新宿区西新宿 0-00-0　□□ビル1F
　　　新宿駅西口より徒歩7分

3 案内の詳細

ご好評いただいております□□□シリーズのほか、
春らしい色彩の□□□シリーズ、麻の風合いを楽しめる
□□□シリーズなど、彩り豊かな新作を取り揃えました。
その場で、ご商談も承ります。

4 出欠確認・誘い

どうぞお気軽にお立ち寄りください。
●2

催しへの招待は気軽な書き方で

　展示会などのイベントに、日頃から取引のある相手をお招きしたいという場合、気軽なお誘いにしたほうが、空き時間にふらっと立ち寄ってくれるかもしれません。

　イベントの性格や相手との関係によって、最後の書き方は変えてもよいでしょう（▶2）。

▶1　「運びとなりました」は、「することが決まりました」という意味で、イベントの開催などを知らせるときによくつかう表現です。「運び」とは、物事の進み具合、段取りの意。結婚式の招待状にも「結婚する運びとなりました」という形でつかわれます。どちらかというと、晴れ晴れしいお知らせで多用されます。

　「このたび〜運びとなりました」というセットでつかうとなじみます。

言い換え
・開催することになりました。
・開催することが決まりました。

▶2　お誘いの言葉は、TPO によっていろいろな表現があります。

言い換え
・お時間があるときに、ぜひとも足をお運びください。
・貴重な機会ですので、ぜひ手にとってご覧ください。スタッフ一同、ご来場をお待ちしております。

（51 ページコラム参照）

❶ 依頼・交渉
❷ アポ・日程調整
❸ 案内・通知
❹ 異動・転職の接拶
❺ お礼
❻ 言いにくい返信
❼ 催促
❽ お断り・辞退
❾ お詫び・訂正
❿ 送り状・確認依頼

件　名：□□□プロジェクトの打ち上げ会を開きます

開発課各位

山本です。

皆様のお力により、□□□プロジェクトは、
先月末をもって無事に完了しました。

☞1
日頃へのお礼

つきましては、下記のとおり打ち上げ会を開催することに
なりましたので、お知らせします。

☞2
切り出し

3月15日（金）午後6時より
割烹　□□□
http://www.shikaku.ne.jp/abcd/
TEL 00-0000-0000
＊2時間の飲み放題コースを予約しています。

☞3
案内の詳細

ご都合に変更があって欠席や遅れての参加になる方は
幹事・山本までご連絡ください。

☞4
出欠確認・誘い

よろしくお願い致します。

社内の連絡なら敬語は軽く

飲み会の幹事役は、いろいろと気をつかいますね。

社内メールの場合、「致します」は「します」「する」など、敬語は軽めでよいでしょう。ただし、お偉方が参加するかしこまった席の場合は、ややかしこまった書き方にしたほうが無難かもしれません。

この文例では、社内メールで、事前にメンバーの日程調整をして日時を決めているケースを想定しています。

お誘いにつかう「きてください」の敬語
（主に社外の相手に）

・ご参加ください。
・ご来場ください。
・お越しください。
・おいでください。
・お運びください。

結婚式などの慶事への招待では、「ご来臨賜りたくお願い申し上げます」「ご臨席ください」などの表現をつかいます。

---

① 依頼・交渉
② アポ・日程調整
③ 案内・通知
④ 異動・転職の挨拶
⑤ お礼
⑥ 言いにくい返信
⑦ 催促
⑧ お断り・辞退
⑨ お詫び・訂正
⑩ 送り状・確認依頼

件名：異動のご挨拶（□□社　渡辺）

山田様

□□社の渡辺です。

私事ではございますが、
4月1日付で、総務部人事課に異動することとなりました。

営業部第1課在任中は、たいへんお世話になり、
ありがとうございました。

山田様にはいつもご迷惑をおかけしてばかりでしたが、
いつもていねいにご指導いただきましたこと、
深く感謝しております。

これからはまた、初めての分野での仕事になりますが、
新たな気持ちで学び、成長していきたいと考えております。

今後とも、ご指導のほどよろしくお願い申し上げます。
取り急ぎ、メールにてご挨拶申し上げます。

---

① 依頼・交渉

② アポ・日程調整

③ 案内・通知

④ 異動・転職の挨拶

⑤ お礼

⑥ 言いにくい返信

⑦ 催促

⑧ お断り・辞退

⑨ お詫び・訂正

⑩ 送り状・確認依頼・確認

そのまま使える
異動・転職の挨拶メールのパターン

● 主要3パーツで構成 ●

宛　名

▼
▼

名乗り

▼
▼

☞1 事実のお知らせ

▼
異動・転勤・転職などの事実を書きます。
▼
▼
▼

☞2 お礼の言葉

▼
ここまでお世話になったことを述べ、お礼を言います。
▼
▼
▼

☞3 今後への言葉

今後の仕事にも意欲をもって取り組むことを表明したり、今後のおつきあいをお願いしたりします。

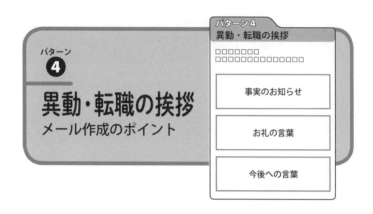

パターン
❹
異動・転職の挨拶
メール作成のポイント

パターン4
異動・転職の挨拶
□□□□□□
□□□□□□□□□□□□

事実のお知らせ

お礼の言葉

今後への言葉

（ポイント1）　**すぐに本題に入る**

　相手との関係が変わる重要な連絡なので、長々とした挨拶は
省いて、すぐに本題の**「事実のお知らせ」**に入ります。次の部
分で、お世話になったことのお礼を述べなくてはならないので、
重複を避けるためにも、「お世話になっております」などの挨
拶は省略してよいでしょう。
　「私事ですが」「私事ではございますが」という言い回しは、
異動の挨拶の手紙文でつかわれてきたものです。手紙文では、
自分を低めるためにわざと行末に寄せて書いていましたが、メー
ルではそこまでしません。
　また、このような言い回しはせず、シンプルに「私は、4月
1日付で…」と書くことも多くなっています。

（ポイント2）　**お礼の言葉は**
　　　　　　　相手との関係による

　「お礼の言葉」の部分では、これまでお世話になってきたこ
とへのお礼を言います。冒頭文例は、相手に特別にお世話にな

った関係を想定して、「ありがとうございます」「感謝しております」と言葉を重ねていますが、そこまで必要なければ、「ありがとうございます」までで切って、次の部分に移ります。

ポイント3) ## 当分おつきあいが なさそうでも…

「今後への言葉」では、新しい仕事や場所でも頑張るという所信表明をしたり、「今後ともよろしく」という意味の言葉を書いたりします。今後再び一緒に仕事をすることはないと思われる場合でも、会社同士がおつきあいをするかぎり間接的な関係は続くし、巡り巡ってどこかで再会するかもしれないことも想定して、ぴったりくる表現を考えましょう。

こんな悩みでタイムロス

「お別れ？」と思うと終わり方に迷ってしまう

相手との関係や自分の感覚に合わせて、書き方を選びます。たとえば、こんな表現があります。

・今後とも、どうぞよろしくお願い致します。

・今後とも、変わらぬご指導ご鞭撻をお願い申し上げます。

・取り急ぎメールにてご挨拶を申し上げます。

・本当にありがとうございました。

　＊今後のことにはふれず、お礼を繰り返す書き方です。

件　名：異動のご挨拶（□□社　山本）

小林様

□□社の山本です。

私は、10月1日付けにて、大阪支社第3営業部に
異動致しました。 ○1
1
事実のお知らせ

東京本社在任中は、たいへんお世話になりました。
心より御礼申し上げます。
2
お礼の言葉

こちらでは、東京とは勝手が違うことも多く、
事あるごとに右往左往しておりますが、
これも成長の機会と張り切っております。

こちらにおいでの折には、お声をおかけください。 ○2
大阪の美味しいものをご案内できるよう、
研究しておきたいと思います。
3
今後への言葉

今後とも、よろしくお願い致します。
取り急ぎ、メールにてご挨拶申し上げます。

事後に転勤先から出す場合

　異動のお知らせが、異動後になる場合も多いでしょう。

　転勤の場合は、近況報告を兼ねて異動先の土地のことにふれてもよいでしょう。何も書くべきことがない場合は、「新しい環境になりますが、これまでの経験を活かして、精進してまいります」など、簡単な所信表明を入れます。

▶1　任地が変わる異動は「転勤」「転任」と呼ぶことが多いのですが、それらも「異動」に含まれます。このように勤務地を書き添えることで、「転勤」になったことがわかるように表現できます。

▶2　離れた土地に転勤した場合、また会いたい相手にはこのような言葉を入れておくとよいでしょう。社交辞令として入れる場合もありますが、もしも声がかかったら、案内する覚悟はしておく必要があります。相手との距離にもよるので、違和感がある場合には、あえて入れる必要はありません。

❶依頼・交渉

❷アポ・日程調整

❸案内・通知

❹異動・転職の挨拶

❺お礼

❻言いにくい返信

❼催促

❽お断り・辞退

❾お詫び・訂正

❿送り状・確認依頼

件　名：転職しました（山本）

鈴木様

山本太郎です。

私事ではございますが、
6月30日をもちまして、□□社を円満退職し、
7月1日より△△社に入社致しました。

□□社在社中は、たいへんお世話になりました。
何かと助けていただきましたこと、
心より感謝申し上げます。

△△社は□□を幅広く手掛ける会社です。
私にとっては新しい領域になりますが、
これまで学んできたことを活かして
全力でチャレンジしていきたいと考えております。

今後とも、どうぞよろしくお願い致します。

1 事実のお知らせ

2 お礼の言葉

3 今後への言葉

ウソでも「円満退社」と書く

　転職する理由は人それぞれです。元の会社で人間関係がうまく行かなくて転職する場合もあるでしょう。そんな場合でも、このような挨拶の中では「円満退社」と書くのが普通です。

　転職の挨拶を出すのは、自分の近況を伝えたいということもありますが、前職での人脈を保持したいという場合も多いはずです。前職で知り合った人たちに出すのであれば、前職の会社の悪口を書いたり、転職先と比較したりすることは避けたほうがよいでしょう。

▶1「〜をもちまして」は「〜を最後に」という意味です。「〜をもって」と書くほうが正しいという意見もありますが、実態としてどちらでもよくなっています。「6月30日をもちまして…退職」というと、6月30日までは在職していたという意味になります。「4月末をもって閉店」という場合は、4月30日が最後の営業日になります。

○×？ 「もちまして」「付で」は同じ意味？

「7月1日付で」という場合は、7月1日が開始日になることを意味します。入社日・着任日について書く場合は正しい表記です。これに対して「7月1日をもって（もちまして）」というと、「7月1日を最後に」という意味になるので、退社日につかうのは正しいのですが、入社日・着任日についてつかうのは正しくありません。

❶ 依頼・交渉

❷ アポ・日程調整

❸ 案内・通知

❹ 異動・転職の挨拶

❺ お礼

❻ 言いにくい返信

❼ 催促

❽ お断り・辞退

❾ お詫び・訂正

❿ 送り状・確認依頼

件名：ご講義への御礼（□□社）

大山先生

□□社の遠藤です。

昨日は、弊社新人研修にて、貴重なご講義を賜り、
誠にありがとうございました。

業界の歴史や、現在の課題についての具体的なお話に、
受講者は真剣に耳を傾けておりました。
アンケートには、わかりやすかった、この業界で働く意欲
がわいたなどの感想が届いております。

先生のご講義に、われわれも気が引き締まりました。
心より感謝申し上げます。

受講者アンケートのまとめにつきましては、
近日中にとりまとめてお送り致します。

まずは、御礼まで申し上げます。

① 依頼・交渉
② アポ・日程調整
③ 案内・通知
④ 異動・転職の挨拶
⑤ お礼
⑥ 言いにくい返信
⑦ 催促
⑧ お断り・辞退
⑨ お詫び・訂正
⑩ 送り状・確認依頼

そのまま使える
お礼メールのパターン

● 主要4パーツで構成 ●

| 宛 名 |

▼
▼

| 名乗り |

▼
▼

1 経緯とお礼

▼ お礼を言いたいこと（何をしてもらったのか、何があ
▼ ったのか）について書き、お礼の言葉を続けます。
▼

2 よかったこと

▼ 相手のおかげで、どういうよいことがあったかを書き
▼ ます。
▼

3 重ねてのお礼

▼ 重くお礼を言いたい場合は、ここでもう一度お礼の言
▼ 葉を重ねます。
▼

4 リアクションなど

▼
▼
▼
▼

| 結 び |

ポイント1 　挨拶なしで本題に

　ビジネスメールでは、何かにつけて「ありがとうございました」とお礼の言葉を書きますが、ここでは、お礼がメインの用件であるメール、つまり手紙でいうと「お礼状」に当たるものを取り上げます。

　このようなお礼のメールでは、最初から本題（謝意の表明）を切り出したほうが、インパクトが強くなります。「お世話になっております」などの挨拶は省略してよいということです。

　名乗りの次にすぐ本題である「**経緯とお礼**」を書きます。内容としては、「いつ、こういうことをしていただきました」など、お礼を言いたい事柄の経緯に簡単にふれ、感謝の言葉につなげます。

　感謝を表す言葉で最もポピュラーな言葉は、「ありがとうございました」です。ほかにも、いろいろな感謝の言葉はありますが、これが一番書きやすいはずです。

　お礼の言葉は1回だけでも十分ですが、ていねいに謝意を尽くしたい場合は、3のところで、別の言葉をつかってお礼の言葉を重ねます。

（ポイント2） よかったことを書き添える

　「よかったこと」の部分では、相手に感謝していることについて、実際にどんなよいことがあったかを書きます。これを書くことで、感謝の気持ちを強調できます。

　何を書くかは、なかなか難しいのですが、小さなことでも喜びが伝わる題材を探します。

　たとえば、次のようなフレーズが考えられます。

よかったことをどう表すか

・おかげさまで、社内でもたいへん好評です。

・おかげさまで、素晴らしい内容に仕上げることができました。

・おかげさまで、論点をよく整理できました。

・おかげさまで、遅れを取り戻すことができました。

・たいへんわかりやすくお話しいただき、受講者の満足度も高かったと思います。

・お話をおうかがいして、たいへん勉強になりました。

・いただいた資料が素晴らしく、課員全員に配布しました。

・自分では見つけられなかったので、たいへん助かりました。

・早速、社内で実践しております。

・スタッフ一同大喜びでした。

・さわやかなお味で、元気が出ました。

・子どもたちに大人気でした。

---

❶ 依頼・交渉
❷ アポ・日程調整
❸ 案内・通知
❹ 異動・転職の挨拶
❺ お礼
❻ 言いにくい返信
❼ 催促
❽ お断り・辞退
❾ お詫び・訂正
❿ 送り状・確認依頼

ポイント3　2回目のお礼

　「重ねてのお礼」は、どの程度ていねいにお礼を言いたいかによって入れてもいいし省いてもいい部分です。

　ていねいにお礼を言いたい場合には、1回目とは違う表現でもう一度お礼の言葉を書きます。

　お礼の言葉には、右のようなバリエーションがあるので、選んでつかいましょう。

ポイント4　次の展開などにふれる

　「リアクションなど」とした部分は、不要な場合もありますが、関連して書いておきたいこと、伝えたいことは結構あるものです。

　相手がしてくれたことを受けての次の展開について書いたり、関連する作業・イベントなどについて補足したりします。

お礼の言葉を重ねたいけど、どう言えばいい？

お礼の言葉を重ねたいけれど「ありがとうございました」を2回つかうのは気持ち悪いというとき、どうしたらよいでしょう。

たとえば、こんな表現からも選べます。

＜感謝を伝える言葉のバリエーション＞

強調語	感謝の言葉
誠に 本当に	ありがとうございました（ございます）。
心より 心から 深く	感謝申し上げます（致します）。
心より 心から 厚く	御礼申し上げます。

件　名：RE: 大山先生をご紹介します

山田様

□□社の佐藤です。

このたびは、ぶしつけなお願いにもかかわらず、●1
大山先生をご紹介くださり、
誠にありがとうございました。

〔1〕
経緯とお礼

おかげさまで、本日先生にお目にかかることができ、
プロジェクト監修の件、ご快諾いただきました。
いろいろとお話をお聞きし、
最先端の研究者としてのご見識の深さに敬服致しました。

〔2〕
よかったこと

この分野の事情に疎く、困っておりましたので
本当に助かりました。●2

〔3〕
重ねてのお礼

プロジェクトは、10月から始動します。
また経過を報告させていただきます。

〔4〕
リアクションなど

今後ともよろしくお願い申し上げます。

相手の厚意に助けてもらったとき

　冒頭の文例のように、お願いした仕事を完了してもらったことにお礼を述べる場面は多いと思いますが、ほかに、直接依頼した仕事ではないが、助言をもらった、人を紹介してもらったなど、相手の厚意に助けられたことにお礼をいう場面もよくあります。

▶1「ぶしつけなお願いにもかかわらず」とは、「突然で失礼なお願いだったにもかかわらず」という意味で、無理なお願いごとをしたときによくつかいます。

言い換え

・突然のお願いにもかかわらず、

・厚かましいお願いにもかかわらず、

▶2　ここでは、明確にお礼の言葉を重ねていませんが、「助かりました」という言葉に謝意が込められていて、お礼の言葉を重ねたのと同じくらいの表現になっています。

　助けてもらったことを強調する表現はほかにもあります。

言い換え

・ご助言にたいへん助けられました。

・ご支援がなければ、企画倒れになっておりました。

・ご助力に心から感謝しております。

① 依頼・交渉
② アポ・日程調整
③ 案内・通知
④ 異動・転職の挨拶
⑤ お礼
⑥ 言いにくい返信
⑦ 催促
⑧ お断り・辞退
⑨ お詫び・訂正
⑩ 送り状・確認依頼

件　名：お中元御礼（□□社　鈴木）

小林様

□□社の鈴木です。

本日、結構なお中元の品を賜りまして、
誠にありがとうございました。

📧1
経緯とお礼

さっそくお茶の時間にいただいております。
新鮮さに体がリフレッシュするようです。

📧2
よかったこと

いつも何かとお心づかいをいただき、
課員一同感謝しております。

📧3
重ねてのお礼

まだ暑い日が続きますが、
どうぞご自愛のほどお祈り申し上げます。

まずは、メールにて御礼まで。

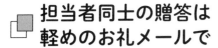

担当者同士の贈答は軽めのお礼メールで

　会社間の贈答（社長から社長へ）の場合は、総務がお礼状を書く場合も多いと思いますが、この文例のように、担当者同士で「差し入れ」のような形で贈答が行われる場合もあります。そんなときは、受け取った担当者がメールでお礼を書く必要があります。いわゆる「お礼状」的ではない軽めの表現でもかまいません。

　この文例では、フレッシュジュースのようなものが届いた場合を想定しています。

▶1　何をもらったのか書くと生々しい感じがするときは、「結構な（お）品」「過分な（お）品」「あたたかいお心づかい」のようにぼやかして表現します。

▶2　「～を送ってもらってありがとう」というフレーズは、次のようにも言い換えることができます。前後の組み合わせを変えることもできます。

> **言い換え**
> ・～をご恵贈賜り、誠にありがとうございます。
> ・～をお贈りいただき、心より御礼申し上げます。
> ・～を賜り、恐縮しております。心より感謝申し上げます。
> ・～を拝受致しました。お心づかいに厚く御礼申し上げます。

① 依頼・交渉
② アポ・日程調整
③ 案内・通知
④ 異動・転職の挨拶
⑤ お礼
⑥ 言いにくい返信
⑦ 催促
⑧ お断り・辞退
⑨ お詫び・訂正
⑩ 送り状・確認依頼

件名：RE: □□報告書原稿です

小林様

□□社の山田です。
お世話になっております。

報告書の原稿、拝受致しました。
端的にわかりやすくおまとめいただき、
ありがとうございます。

一点、第2章にさまざまな要素が含まれていて、
複雑になっているのが気になりました。
思い切って「現状」と「人材不足」に章を分けるという方
法もあるかと思いましたが、いかがでしょうか。

お忙しいところ誠に恐縮ですが、ご検討ください。
ご修正いただく場合には、勝手ながら、
来週10日ぐらいまでにお送りいただけますと、助かりま
す。

なにとぞよろしくお願い致します。

そのまま使える
言いにくい返信メールのパターン

● 主要3パーツで構成 ●

宛　名
▼
▼

名乗り・挨拶
▼
▼

①1 受け止め
▼
▼　まず、受け取ったことにお礼を言いつつ、可能であれ
▼　ばポジティブなコメントをします。
▼

②2 指摘
▼
▼　修正が必要と思われる点や代案、理由などについて書
▼　きます。
▼

③3 修正・検討のお願い
▼
▼　修正もしくは今後の対策などを求めます。
▼
▼

結　び

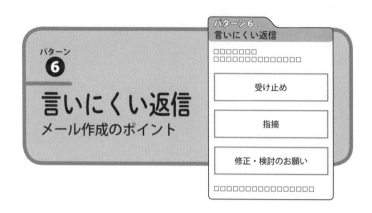

パターン
❻

言いにくい返信
メール作成のポイント

パターン6
言いにくい返信

□□□□□□□□
□□□□□□□□□□□□

| 受け止め |

| 指摘 |

| 修正・検討のお願い |

□□□□□□□□□□□□□

ポイント1 　**相手の立場に立ってみる**

　ここでは、「言いにくいこと」、つまり、修正の希望やミスの指摘、遺憾（いかん）の表明などを伝えたいときの書き方について取り上げます。

　パターンとしては、本文の冒頭で、現状についての「**受け止め**」をします。書類などを送ってもらったお礼、仕事で動いてもらったお礼などです。そのことについて、何か問題が起こっていても、いきなりその指摘に入ったのでは、相手は喧嘩を売られているように感じるでしょう。その前にワンクッション置くのがこの部分です。

　そこまで相手がやってきてくれたことは評価して、可能であれば「よかったこと」も書きます。

ポイント2 　**「指摘」に感情をまじえない**

　「**指摘**」の部分では、何が問題かを端的に書きます。「自分はこう思っていたのに」「あなたは前にこう言っていたのに」など、過去を掘り起こすような恨みがましい内容は避けます。

単純明白な訂正をする場合は、「一点訂正があります。○○は正しくは□□です」とさらりと書いてもよいのですが、さらりとしすぎる場合は「□□が正しいようです」のようにソフトな書き方にします。

判断が分かれるかもしれない場合は、「私にはこのように思われました」という書き方にして、断定的な表現を避けます。相手に誤解がある場合は、「自分の伝え方が悪かった」と書いて、相手ばかりを責めないようにするのもひとつの方法です。

ソフトに指摘する言い方

・金額が異なるようです。

・昨年度のデータをお送りいただいているようです。

・□□と記載がありますが、念のためご確認ください。

・「白山」となっているのは「百山」の誤りではないかと思われますが、ご確認いただけますでしょうか。

・メールの宛先が違っているようです。念のためお知らせ致します。

・ここの数字は昨年と同じでよろしかったでしょうか。

・ひとつにまとめるという方法もあるかと思いますが、いかがでしょうか。

・ここは前回のように箇条書きにしていただいたほうが読みやすいと思いました。（相手がすでにやっていることを例に挙げる）

・今回は２回で考えております。私の説明が不十分で申し訳ありませんでした。

① 依頼・交渉
② アポ・日程調整
③ 案内・通知
④ 異動・転職の挨拶
⑤ お礼
⑥ 言いにくい返信
⑦ 催促
⑧ お断り・辞退
⑨ お詫び・訂正
⑩ 送り状・確認依頼

相手の落ち度を指摘したい気持ち、自分の正しさを説明したい気持ちは抑えます。気持ちがはやって書いたメールは、少し時間をおいて、冷静な目で読み返すと、書きすぎていることがわかります。たとえば、次のような言葉です。

＜「自分は正しい」と言いたくて書きがちな言葉＞

× 前回のメールにも書きましたが、

× 繰り返しになりますが、

× 上司も申しておりますが、

また、「とても」「非常に」などの強調語が多いのも、くどい印象になりがちです。強調語を削るのも、メールをすっきりさせるコツです。

ポイント3 相手に行動を求める

「修正・検討のお願い」では、前段で指摘したことをふまえて、相手に修正や検討をお願いします。それによって締め切りなどが変動する場合には、書き添えます。

すでに起こってしまったミスなどへの指摘だった場合には、自分側も含めた総括をすることで、相手に今後の防止策を考えてもらうのもよいと思います。

もちろん、明確に遺憾の意を伝えることが目的の場合には、それなりの書き方をします。相手と今後、取引関係が続くのかどうかによって書き方は異なるでしょう。

つい「正論」を書いて
相手を不快にさせてしまう

　つい「正論」を書いてしまう人は、次のような転換方法を覚えておきましょう。

出典を書かずにデータを引用するのはルール違反です。
　　　↓
データの引用箇所に出典が漏れているものがありましたので、ご確認ください。

技術的な観点からは、このような設計はありえないと思います。
　　　↓
技術的な観点からは、いろいろと困難な問題が考えられます。

原稿は1000字でご依頼しております。500字ほど超過していますので、調整をお願い致します。
　　　↓
このコラムは全体で1000字しか入りません。たいへん申し訳ありませんが、調整をお願い致します。

❶ 依頼・交渉
❷ アポ・日程調整
❸ 案内・通知
❹ 異動・転職の挨拶
❺ お礼
❻ 言いにくい返信
❼ 催促
❽ お断り・辞退
❾ お詫び・訂正
❿ 送り状・確認依頼

件　名：山村先生のお名前 ●1

遠藤様

□□社の鈴木です。

山村先生へのメールを同報いただきまして、
ありがとうございました。
早速進めていただき、助かります。

☞1
受け止め

ところで、さきほどのメールで、
宛名のところが「山村五郎先生」となっていましたが、
お名前の文字、正しくは「吾郎」です。 ●2

☞2
指摘

先生宛の書類等で、すでに作成していただいているものが
ありましたら、念のためご確認ください。 ●3

☞3
修正・検討のお願い

来月にはプロジェクト活動が本格化します。
今後とも、どうぞよろしくお願い致します。

必要以上のことは書かない

ちょっとしたミスだけど、指摘しないでおくと、相手にとってよくないという場合があります。そんなときは、サラッと教えてあげるのが親切です。

左のケースは、遠藤さんが山村先生へのメールを鈴木さんにも同報して、鈴木さんが先生のお名前の間違いに気がついたというケースです。

名前を間違うのは、とても失礼なことですが、遠藤さんもそれはわかっているはずなので、このあと、自分から先生にお詫びの連絡をするだろうと考え、鈴木さんは必要以上のことを書かないようにしています。

▶1 この指摘メールは、山村先生に見せるべきではないので、「全員に返信」＜同報返信＞で返さないように気を付けます。遠藤さんだけを宛先にして新規メールを立ち上げ、件名も変えたほうが、同報返信ではないことが明確になるので親切です。

▶2 相手の失敗を指摘するとき、気をつかって「私もよく誤変換します」など、なぐさめを書きたくなりますが、こういう場合は軽く流したほうが、相手の負担感は小さくなります。

▶3 相手が意外にうっかり者で心配なときは、軽く注意を促しておいたほうが親切です。念を押すときの言い回しとしては、ほかにこんな表現があります。

言い換え

・ひととおりチェックをお願い致します。

・今一度、ご確認をお願い致します。

① 依頼・交渉
② アポ・日程調整
③ 案内・通知
④ 異動・転職の挨拶
⑤ お礼
⑥ 言いにくい返信
⑦ 催促
⑧ お断り・辞退
⑨ お詫び・訂正
⑩ 送り状・確認依頼

件　名：RE: □□代替品での納入について

佐藤様

□□社の鈴木です。

今回は、□□の納入を間に合わせてくださり、
ありがとうございました。
色違いにはなりましたが、お客様のご了承をいただき、
予定通り工事を進めることができました。

1 受け止め

お客様のお許しをいただけない場合には、
工期が大幅に遅れた可能性がありました。
また、ご希望の素材を使用できなかった点につき、
お客様に申し訳なく、弊社としても<u>責任を感じております</u>。●1

2 指摘

今後はこのようなことがないよう、
在庫や納入日の確認方法や手順を、
より明確にする必要があるかと考えております。
これらにつきましては、改めてご相談させてください。

3 修正・検討のお願い

弊社は今後もお客様第一の仕事をめざしてまいります。
ご協力のほどよろしくお願い申し上げます。
●2

多少の軋轢は
覚悟しているときの伝え方

　トラブルが一段落した後、相手のミスについて「これでは困る」「釘をさしておきたい」ということもあるでしょう。そんなときも、感情的にならず、何が問題だったのかを冷静に指摘し、今後に向けての協力を求めるのが大人の書き方です。

　左のケースは、素材を発注した会社から指定した型番の品物が納入されず、色違いになってしまったというケースです。

▶1 こちら側の責任感を表現することで、相手側に事の重大さをわかってもらう書き方。

▶2 「ちゃんとやってくださいね」という意味。

　言い換え

・お力添え賜りますよう、お願い申し上げます。

・ご支援くださいますよう、お願い致します。

・ご協力くださいますよう、お願い致します。

① 依頼・交渉

② アポ・日程調整

③ 案内・通知

④ 異動・転職の挨拶

⑤ お礼

⑥ 言いにくい返信

⑦ 催促

⑧ お断り・辞退

⑨ お詫び・訂正

⑩ 送り状・確認依頼

件名：RE: 販売分析レポートについて

田中様

□□社の山田です。
お世話になっております。

販売分析レポートの原稿案を先月末までにおまとめいただ
けるとのことでしたが、進捗状況はいかがでしょうか。

20日には、第2営業部の総括会議が予定されております。
重要な会議資料となりますので、課内でも検討する時間を
いただきたいと考えております。

そこで、今週末までにいったん原稿案をお送りいただける
と助かりますが、可能でしょうか。
その後、修正する時間も見込んでおります。

お忙しいところ誠に恐縮ですが、
なにとぞよろしくお願い致します。

● 主要 3 パーツで構成 ●

宛　名

名乗り・挨拶

1 状況を聞く

約束がどうなっていたかを明記して、進捗状況がどうなっているかを尋ねます。

2 遅れると困る理由

早くもらわないと困る理由があれば、書き添えます。省略する場合もあります。

3 催促・期限

次の締め切りを設定し、催促します。

結　び

① 依頼・交渉
② アポ・日程調整
③ 案内・通知
④ 異動・転職の挨拶
⑤ お礼
⑥ 返信・書きにくい
⑦ 催促
⑧ お断り・辞退
⑨ お詫び・訂正
⑩ 送り状・確認依頼

パターン7
催促

□□□□□□□□
□□□□□□□□□□□□□

状況を聞く

遅れると困る理由

催促・期限

□□□□□□□□□□□□□□□

ポイント1

最初は
リマインド程度の書き方で

催促にもいろいろなケースがあります。

(1) メールの返事をうっかりしているらしい場合

(2) 依頼した作業や回答が締め切りを過ぎている場合

(3) 入金がない、商品が納品期限に納品されないなど契約に関わる問題の場合

冒頭の文例は、(2) の場合です。

(1) や (2) の場合、相手がうっかりしていることも想定して、最初は「**状況を聞く**」文面でリマインドとして書きます。

1日遅れただけで大あわてになってしまわないよう、こういった締め切りは少し余裕をもって設定しておく必要があります。また、期限を過ぎたら、早めにリマインドしてあげるほうが親切です。どうにもならなくなってから催促すると、相手が対応できなくなるかもしれません。

1回目の催促で反応がなくて2回目の催促をする場合などは、もっと強い要請をすることになるでしょう。

(3) の場合、つまり入金や商品の納品が遅れているような場

合は、契約に関わる問題なので、最初から明確に指摘する書き方にします（下の★のケース）。

状況を聞く書き方

・そろそろスケジュール表をいただける頃かと思い、ご連絡致しました。
・20日ごろにお送りいただけるとのことでしたが、お進み具合はいかがでしょうか。
・先日の件、ご検討いただけましたでしょうか。
・15日納品のお約束をいただいておりますが、まだ届いておりません。至急ご確認ください。──★

ポイント2 相手に事情を
理解してもらう

続けて「**遅れると困る理由**」を書きます。簡単な事柄であれば、この部分は書かない場合も多いでしょう。

スケジュールが厳しくこれ以上遅れると困る場合や、相手が多忙で後回しにされている可能性がある場合などは、ここに「遅れると困る理由」を説明して、こちらの事情を相手に理解してもらうようにします。

特に、2度目以降の催促である場合は、ここを強めに書いて、理解を求めます。

❶ 依頼・交渉
❷ アポ・日程調整
❸ 案内・通知
❹ の挨拶異動・転職
❺ お礼
❻ 書きにくい返信
❼ 催促
❽ お断り・辞退
❾ お詫び・訂正
❿ 送り状・確認依頼

ポイント3　期限を示しながら催促

「催促・期限」は、本題となる部分で、期限を示しながら催促する言葉を書きます。

文例では、新しい期限が可能かどうかを尋ねる形でソフトに催促していますが、ケースによって、さまざまな書き方が考えられます。

催促する緩急の表現

・できましたら、今週中くらいにいただけますと助かります。

・2、3日中におまとめいただけますと助かります。

・この後の進行もありますので、お急ぎいただきたくお願い致します。

・ご多忙とは存じますが、至急お返事をくださいますようお願い致します。

・これ以上延期することはできませんので、なんとか5日までにはお送りくださいますよう、切にお願い申し上げます。

❗ 多忙を気づかう言葉を添えよう

催促のメールでは、「ご多忙のこととは存じますが」を上のようにつかったり、結びの「よろしくお願い致します」の前に入れたりするのが通例です。

多忙を気づかう表現

・お忙しいこととは存じますが、
・お忙しいところ恐縮ではございますが、
・ご多忙とは存じますが、
・ご多忙のところ申し訳ありませんが、

① 依頼・交渉
② アポ・日程調整
③ 案内・通知
④ 異動・転職の挨拶
⑤ お礼
⑥ 言いにくい返信
⑦ 催促
⑧ お断り・辞退
⑨ お詫び・訂正
⑩ 送り状・確認依頼

こんな悩みでタイムロス

メールでのやりとりに限界を感じたら

　仕事を頼んだ相手が締め切りを守らないまま音信不通になってしまった、デッドラインを超えているのに動いてくれない、という場合は、電話をかけるなど直接対話に持ち込む必要があります。声で切迫感をもってこちらの状況を伝えることは、メールとは違ったインパクトがあるはずです。

　場合によっては、上司や関係部署と相談して、対策を練ったほうがよいでしょう。

　支払いや納期の遅延などで会社に損失が出るおそれがある場合には、法律で争う問題に発展することもあります。その場合は、弁護士などの助言のもとに作成するしかるべき文書でのやりとりになります。

件　名：【再送信】□□交流会のご案内

渡辺様

□□社の山本です。
お世話になっております。

7月5日に、□□交流会について下記のようなご案内を
お送り致しましたが、届いておりますでしょうか。 ●1
状況を聞く

会場予約の都合があり、出欠のご都合を
お伺いしたくご連絡申し上げました。
遅れると困る理由

ご多忙のところ、たいへん申し訳ないのですが、
今週末までにご返信いただけますと助かります。
催促・期限

なにとぞよろしくお願い申し上げます。

＜以下に、前回のメールを引用する＞ ●2

「返信忘れ」の定番対応

くるはずの返信がなく、催促をすることは多いと思います。

相手がうっかりしていた場合は、見てすぐ「しまった！」と思って返信を打ってくれるはずなので、あまり気をつかう必要はないのですが、このような定番の書き方があることを知っておきましょう。

▶1 相手が返事を忘れていると思われる場合でも、「お返事まだですが」ではなく、「メールは届いていますか（読みましたか）？」という書き方で、現状を確認します。実際、何かのエラーでメールが届いていないこともあります。

> **言い換え**
> ・ご覧いただけましたでしょうか。

▶2 前回の自分のメールを引用するのを忘れないこと。それがないと、相手はあなたの前のメールを探さなくてはならず、手間が増えます。

自分の前の送信メールに「転送」をかけると、送信日時入りで引用できて便利です（送信日時が入るかどうかはメールソフトの設定にもよります）。

❶ 依頼・交渉
❷ アポ・日程調整
❸ 案内・通知
❹ 異動・転職の挨拶
❺ お礼
❻ 言いにくい返信
❼ 催促
❽ お断り・辞退
❾ お詫び・訂正
❿ 送り状・確認依頼

件　名：□□□利用料6月分のお支払いについて

□□社
佐藤様

△△社経理部の鈴木と申します。
日頃は当社サービスをご利用いただき、
誠にありがとうございます。

さて、早速ですが、□□□利用料のお支払いについて
ご連絡を差し上げます。
　　●1

□□□利用料は、各月10日までに前月分のお支払いを
お願いしているところですが、25日時点で
まだ6月分のご入金が確認できkeておりません。
　　　　　　　　　　　　　　　　　●2

状況を聞く　1

ご確認いただき、未納の場合は月末までに
お振込くださいますようお願い致します。

催促・期限　3

なお、行き違いでご入金いただいていた場合は、
なにとぞご容赦ください。
　　　　　　　●3
ご不明な点などありましたら、鈴木までお問合せください。

なにとぞよろしくお願い致します。

支払いの催促も最初はていねいに

　支払いの催促は、経理部門では定番の書き方があると思います が、おおむね左のような内容になっているはずです。

　パターンのパーツとしては、🖎2 はなくて 🖎1 と 🖎3 がつなげ て書かれる場合も多いでしょう。

▶1　長い挨拶を書いたときは、話題転換に「さて」をつかい ます。

▶2　相手が入金を忘れていると思われる場合でも、最初の督 促では、このように「入金が確認できません」と書くのが定番 になっています。実際、何かの手違いで入金されていない場合 もあります。

▶3　督促と入金が同時になっている場合を想定して、このよ うな一文を入れます。

> 言い換え
>
> ・失礼をお許しください。
> ・失礼を致しましたことご容赦ください。

件名：□□のご提案について

□□社
田中様

△△社の山田です。

先日はご足労をいただき、ありがとうございました。

昨日、営業部会議があり、
いただいたご提案について検討致しましたが、
たいへん残念ながら、ご提案の採用は難しいとの結論に達
しました。
ターゲットとなっている年齢層が当社製品に合わないとい
うのが主な理由でした。

ていねいな企画書を作成していただいたにもかかわらず、
このような結果になりましたこと、深くお詫び申し上げま
す。

市場の状況も厳しく、今後の商品開発や販促活動には思い
切った戦略が必要であることは、切実に感じております。

また、新しいご提案などいただけるようでしたら、
ありがたく存じます。
今後ともよろしくお願い致します。

そのまま使える
お断り・辞退メールのパターン

● 主要4パーツで構成 ●

宛 名

▽
▽

名乗り

▽
▽

1 申し出へのお礼

▽ 相手からの申し出、提案、推薦などに対してお礼を述
▽ べます（この場合は、提案のために来社したことにお
▽ 礼を述べている）。
▽

2 お断り

▽ 断り・辞退の言葉を、理由の説明などよりも前に入れ
▽ ます。
▽
▽

3 お詫び・遺憾の意

▽ 断ったり辞退したりしなければならないことについ
▽ て、お詫びや残念な気持ちを表します。
▽
▽

4 今後への言葉

今回は残念な結果になったが、これからも付き合いを
続けたいという気持ちを伝えます。

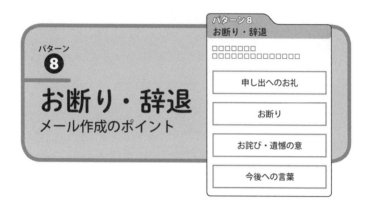

パターン
8

お断り・辞退
メール作成のポイント

パターン8
お断り・辞退

□□□□□□□
□□□□□□□□□□□□□□□

| 申し出へのお礼 |
| お断り |
| お詫び・遺憾の意 |
| 今後への言葉 |

（ ポイント1 ）　　**オファーへの感謝を伝える**

　提案や推薦、お誘いなどの申し出を断ったり辞退したりするのは心苦しいものです。最初に「**申し出へのお礼**」、つまり感謝の言葉から入ると書きやすくなります。

　冒頭文例のように提案のために来社してくれたことへの感謝を述べるのでもかまいません。相手の申し出の内容や経緯によって、いろいろな書き方ができます。

オファーへのお礼いろいろ

・□□基金寄付のご案内をいただき、ありがとうございました。

・企画書をお送りくださり、ありがとうございました。

・ご支援のお申し出をいただき、誠にありがとうございました。

・交流会へのお誘いをいただき、ありがとうございました。

・たいへん光栄なご推薦をいただき、誠にありがとうござ

　いました。
・過分なお心づかいをいただき、ありがとうございました。

（ポイント2）　**言い訳よりも
結論を先に書く**

　続けて「**お断り**」の言葉を書きます。

　言いづらい気持ちから、つい経緯の説明を先に書きたくなりますが、そうすると言い訳がましくなって、印象が悪くなる場合があります。「申し訳ないけれどこうなりました」「理由はこれこれです」という順番のほうがすっきり伝わるでしょう。

　断る・辞退する言い回しはいろいろありますが、次のようなフレーズを覚えておくと便利です。

お断りの表現

・今回は見送らせていただくことになりました。
・採用は難しいという判断になりました。
・導入はあきらめざるをえないとの結論に至りました。
・今回は辞退させていただきます。
・ご協力はできかねるとの結論になりました。
・ご期待に添えない結果となりました。

（ポイント3）　**残念な気持ちを伝える**

　結論を伝えたうえで、気持ちを伝えるのが「**お詫び・遺憾の意**」の部分です。

相手の提案や誘いを断ることになって、「申し訳ない」「残念だ」という気持ちを表現します。ただし、ここがあまり重くなると、断られた側がみじめな気持ちになるので、ほどよい表現にとどめたほうがよいでしょう。

お詫びや残念な気持ちの表現

・当方の力不足で実現がかなわず、とても残念です。
・せっかくのお申し越しでしたのに、誠に申し訳ありません。
・せっかくのお話にご協力ができなくなってしまいましたこと、誠に申し訳なく、お詫び申し上げます。
・せっかくのご厚意にお応えすることができず、心よりお詫び申し上げます。
・またとない機会でしたのに、ご一緒できず、とても残念です。

「お申し越し」とは、「手紙などで言ってよこすこと、その内容」を意味します。「ご厚意」は、「思いやりある心」のことで、他人が自分にかけてくれた気持ちのことを表します。

ポイント4　今後の関係をつなぐ

今回の件がボツになっても、その後のお付き合いを期待していることを「今後への言葉」として書きます。社交辞令として書く場合も多いでしょう。

ただし、個人的なお誘いを断る場合などで、もう誘われたくない場合は、今後への言及はしないほうがよいでしょう。

思わぬ推薦を受けて困ってしまった…

　何か役割をふられて困る経験をする人は多いのではないかと思います。

　やってみたことがないことや、やるつもりがなかったことも、やってみると面白かったり勉強になったりするので、チャレンジをして損をすることは少ないと思いますが、明らかに自分のキャパを超えていたり、今力をかけたい方向とは違っていたりする場合は、思い切って断る勇気も必要です。

　そんなときは、次のような言い回しを覚えておくと便利でしょう。

「たいへん申し訳ありませんが」に続けて

・謹んで辞退させていただきます。

・このような大役はお引き受け致しかねます。

・今回はご勘弁いただきたくお願い申し上げます。

・今回のお話は遠慮させていただきます。

理由として

・私では力不足かと存じます。

・私のような未熟者には務まりません。

・私には荷が勝ちすぎます。

・家族の事情があり、余力がありません。

・勤務の関係でどうしても体が空きません。

① 依頼・交渉
② アポ・日程調整
③ 案内・通知
④ 異動・転職の挨拶
⑤ お礼
⑥ 言いにくい返信
⑦ 催促
⑧ お断り・辞退
⑨ お詫び・訂正
⑩ 送り状・確認依頼

件　名：□□キャンペーン協賛の件について

□□社
佐藤様

△△社営業課の山田と申します。

このたびは、□□□□の音源提供につきまして、
ご照会をいただき、誠にありがとうございました。

1 申し出へのお礼

たいへん申し訳ありませんが、
□□□□の音源のみのご提供はできかねます。
本作に関する契約の関係上、
音源提供のご依頼はすべてお断りしております。
　　　　　　　　　　　　　　　　○1

2 お断り

せっかくのご要望にお応えできず、誠に申し訳ありません。
なにとぞご理解くださいますよう、
お願い申し上げます。
　　　　　　　　○2

3 お詫び・遺憾の意

なお、当社コンテンツには、
部分的な二次利用に対応しているものもございますので、
ご希望等ございましたら、お問合せください。

4 今後への言葉

今後ともどうぞよろしくお願い致します。

「できない」ことはさらっと断る

「契約の関係で要望に応じられない」「部品が製造中止で修理できない」など、外部の要因で要望に応えられないときは、理由を付記して、さらっと断ります。

▶1 明確な決まりがあって、やむをえないお断りであるときに、このような書き方をします。シチュエーションが違いますが、たとえばこんなケースもあります。

言い換え

・規定により、□□のご希望にはお応えできないことになっております。

・安全のため、目的外のご利用はお断りしております。

▶2 相手に理解を求める言い方はいろいろあります。

言い換え

・ご理解のほどお願い申し上げます。

・ご了承くださいますよう、お願い申し上げます。

・ご容赦くださいますよう、お願い申し上げます。
　（こちら側に申し訳ない事情がある場合）

・ご賢察賜りますよう、お願い致します。
　（諸々の察してほしい事情がある場合）

① 依頼・交渉
② アポ・日程調整
③ 案内・通知
④ 異動・転職の挨拶
⑤ お礼
⑥ 言いにくい返信
⑦ 催促
⑧ お断り・辞退
⑨ お詫び・訂正
⑩ 送り状・確認依頼

件　名：RE: □□交流会のお誘い

伊藤様

□□社の鈴木です。
このたびは交流会へのお誘いをいただきまして、
ありがとうございました。

〈1〉
申し出へのお礼

ぜひともお伺いしたかったのですが、
あいにくその日は出張の予定が入っており、
参加することがかないません。●1

〈2〉
お断り

□□関係者の皆様にお会いできる貴重な機会でしたのに、
残念でなりません。●2

〈3〉
お詫び・遺憾の意

またの機会がありましたら、
お誘いいただければたいへんうれしく存じます。

〈4〉
今後への言葉

末筆になりましたが、ご盛会を心よりお祈り致しております。●3

応じられない理由は 詳しく書かない

　公私のお誘いを断らなくてはならない場合もあります。そんなときも、誘ってくれたお礼から入るパターンは同じです。

▶1 断る理由については、あまり細かく書かないのがマナーです。

> 言い換え
>
> ・先約があり、どうしてもお伺いできません。
>
> ・かねてよりの予定があり、参加できません。
>
> ・緊急の仕事が入り、参加できなくなりました。

> ○×? 他に優先すべき用事ができてしまった場合などは、正直に書くと相手に失礼になる場合があります。
>
> × 鈴木先生の祝賀パーティに招かれましたので、伺えなくなりました。
>
> ○ のっぴきならない用事が入ってしまい、伺えなくなりました。

▶2 断らざるをえないことを残念に思う気持ちを表現しています。ほかにもこんな書き方があります。

> 言い換え
>
> ・楽しみにしておりましたのに、とても残念です。
>
> ・せっかく声をかけていただきましたのに、残念でなりません。

▶3 「末筆になりましたが」「末筆ながら」は、「最後になってしまい、失礼ですが」という意味で、手紙やメールの最後に、相手の成功や健康を気づかう言葉を書く場合につかいます。

件名：□□□□メルマガ3月号訂正のお知らせ

会員各位

□□□□メルマガ編集部です。

昨日配信させていただきました□□会メルマガ3月号におきまして、記念グッズとしてご紹介した□□特製ポーチの価格表記が誤っておりました。

商品画像内に15000円と表記されておりますが、
正しくは1500円です。

ご迷惑をおかけし、たいへん申し訳ありませんでした。
心よりお詫び申し上げます。

なお本日、訂正後のメルマガも別途配信させていただきます。

今後はこのような間違いのないよう、確認体制を整え、
一層の内容充実を心がけてまいりますので、
引き続き、ご愛顧のほどお願い申し上げます。

お詫び・訂正メールのパターン

● 主要4パーツで構成 ●

宛　名
▼
▼

名乗り
▼
▼

1 お詫びする事柄

▼ ミスや事故の内容など、お詫びしなければならない事
▼ 実について書きます。
▼

2 お詫び

▼ お詫びの言葉を述べます。
▼
▼

3 経緯の説明

▼ 問題が発生した経過や事後対応などを説明します。こ
▼ こでお詫びの言葉を重ねる場合もあります。
▼
▼

4 今後への言葉

今後への心構えや、引き続きのお付き合いをお願いす
る言葉を述べます。

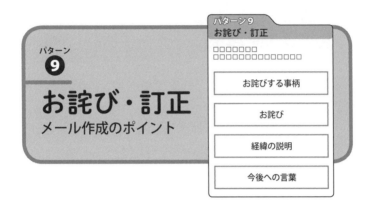

パターン
9

お詫び・訂正
メール作成のポイント

パターン9
お詫び・訂正

□□□□□□□
□□□□□□□□□□□□□

| お詫びする事柄 |
| お詫び |
| 経緯の説明 |
| 今後への言葉 |

（ポイント1）　　**挨拶抜きで事実を知らせる**

　お詫びするというシチュエーションにも軽いものと重いものがありますが、問題が起こったことを知らせる第一報である場合や、深刻な事態のお詫びである場合は、「お世話になっております」などの挨拶を省略して、すぐに本題に入り、何が起こったのか、どういう間違いだったのかなど、**「お詫びする事柄」**を、最初に明らかにします。

　相手に迷惑がかかるような事態は一刻も早く知らせる必要がありますし、こちらの緊迫感を表現することで、お詫びの気持ちをより強く伝えることができるからです。

　なお、大至急で知らせないと相手に損失が出てしまうような場合には、メールではなく電話をかけたほうがよいでしょう。

　たとえば、「原稿にミスがあったのでお詫びのメールを悩みながら書いているうちに、原稿が印刷されてしまった」などという事態になれば、どんなにていねいなメールがきても、相手は「それよりも早く知らせてくれ」と思うでしょう。

　電話で相手がつかまらない場合は、メッセージを入れるなどして一刻も早く連絡するようにします。

❶ 依頼・交渉

❷ アポ・日程調整

❸ 案内・通知

❹ 異動・転職の挨拶

❺ お礼

❻ 言いにくい返信

❼ 催促

❽ お断り・辞退

❾ お詫び・訂正

❿ 送り状・確認依頼

ポイント2　潔く詫びる

　続けて「お詫び」の言葉を書きます。

　言い訳をつけずに、潔く詫びます。原因など説明したいことがある場合には、次の「経緯の説明」のところに書きます。

　お詫びの言葉も、さまざまなバリエーションがあります。

お詫びの表現

・誠に申し訳ありません（ございません）。

・心よりお詫び申し上げます。

・謹んでお詫び申し上げます。

・たいへんご迷惑をおかけしました。

・たいへん失礼を致しました。

・このような失礼なことになってしまい、心からお詫び申し上げます。

・たいへんなご迷惑をおかけし、お詫びの言葉もございません。

ポイント3　言い訳にならないように伝える

　「経緯の説明」としたこの部分には、ミスや事故の経過や原因の説明や、事後の対応策などを書きます。事後の対応策を、次の「今後への言葉」の部分に含める場合もあります。

　起こってしまったことの経過を書く場合は、事実を整理して客観的に書きます。たとえ自分のミスではなくても、社内で起

こったことは自分側のこととして書きます。

　たとえば、「アルバイトの者が数を間違えました」と書くと、言い訳がましく聞こえます。「こちらで数を間違えました」と書いたほうがよいでしょう。原因などについては、憶測で不正確なことを書くのはよくないので、はっきりしない場合は「原因については調査中です」と説明を保留します。

　この部分でも、前段とは違った表現でお詫びの言葉を重ねると、ていねいになります（106ページのパターン活用例参照）。

ポイント4　今後の関係をつなぐ

　ある程度重い内容のお詫びの手紙やメールでは、最後に「今後への言葉」として再発防止の決意表明を書くのが通例になっています（下のコラム参照）。

「今後は気をつけます」の表現

・今後はこのようなミスを繰り返すことのないよう、十分
　に注意してまいります。

・今後は、二重三重のチェック体制を組み、再発防止に努
　めてまいります。

・今後はこのようなミスが起こらないように万全を期して
　まいりますので、引き続きお引き立てくださいますよう、
　切にお願い申し上げます。

・今後は、このような失敗を繰り返さぬよう細心の注意を
　払ってまいりますので、引き続きご指導ご鞭撻のほど、
　お願い申し上げます。

こんな悩みでタイムロス

「不手際」「ご迷惑」「ご心配」なんて言う？

お詫びする事柄や行為をなんと言い表すかで悩むこともあります。

「不手際」：手順や対応の悪さから相手に迷惑をかけたり不快感を与えたりした場合につかいます。

・こちらの不手際でお届けが遅れてしまい、誠に申し訳ありませんでした。

「ご迷惑」：相手に手間をかけさせたり損害を与えたりした場合につかいます。ただし、重大事件である場合は「ご迷惑」では軽すぎるので注意。

・請求書に間違いがあり、たいへんご迷惑をおかけ致しました。

「ご心配」：相手に心配してもらった場合や大事には至らなかった場合などにつかいます。

・書類は届いております。ご心配をおかけして申し訳ありませんでした。

実際に相手に迷惑をかけたり、損害を与えたりしているにもかかわらず、「ご心配をおかけして申し訳ありません」と詫びる人がいますが、違和感があります。状況に合わせた表現にする必要があります（次ページ参照）。

件　名：□□□□納期についてのお詫び

佐藤様

□□社の鈴木です。

実は、□□□□の製作が遅れており、
現在のところ2日遅れの15日納品となる見通しです。　　　⚫1

> 🔖 **1**
> お詫びする事柄

たいへん申し訳ありません。

> 🔖 **2**
> お詫び

先月の悪天候続きで木材の搬入が遅れたため、
作業開始が1週間遅れてしまいました。
手作業を急いで時間短縮に努めましたが、
どうしても時間をかけなければならない加工もあり、
遅れを取り戻せませんでした。

> 🔖 **3**
> 経緯の説明

初めていただいたお仕事でこのようなことになり、
心よりお詫び申し上げます。　　　⚫2

今後は材料調達も含め確実な進行管理に努めます。
引き続きお引き立てのほどお願い申し上げます。

> 🔖 **4**
> 今後への言葉

事の軽重を判断して詫びる

　仕事の遅れなどのトラブルの場合は、事の軽重を判断する必要があります。相手が大きな迷惑を被る恐れがある場合には、メールではなく、電話をかけるなどして、どうしたらいいか相談しながらのお詫びになるでしょう。

▶1 左の例は、相手は迷惑するかもしれないが、大きな問題にはならないという見通しのもとで書かれています。もしも、相手が非常に困ることが予想されるのに相手と連絡がつかず、とりあえずメールで連絡する場合には、冒頭から次のような書き方になります。

> 「□□□□の納品がお約束の日に間に合わない見通しとなりました。たいへん申し訳ありません。
> ご出張中とのことでしたので、取り急ぎメールで状況を報告させていただきます。（…経過説明…）
> もしもお時間がありましたら、お電話で相談させていただきたいと思いますが、ご都合はいかがでしょうか。」

▶2 感覚的に「ご迷惑」と言うには軽すぎる場合には、このように抽象的に表現するのもひとつの方法です。下段はさらに深刻な事態のとき。

言い換え

・このようなことになってしまい…
・このたびは取り返しのつかない事態になってしまい…

❶ 依頼・交渉
❷ アポ・日程調整
❸ 案内・通知
❹ 異動・転職の挨拶
❺ お礼
❻ 言いにくい返信
❼ 催促
❽ お断り・辞退
❾ お詫び・訂正
❿ 送り状・確認依頼

件　名：昨日はたいへん失礼を致しました（□□社・佐藤）

伊藤様

□□社の佐藤です。

昨日、伊藤様のご経歴をよく存じ上げないで、
皆様の前であのような失礼なことを
申し上げてしまいました。

お詫びする事柄 1

誠に申し訳ありませんでした。
心よりお詫び申し上げます。

お詫び 2

同僚より指摘を受け、お詫びを申し上げようと
会場を走り回りましたが、
すでにお帰りになったあとでした。
ひたすら自分の不勉強を恥じ入っております。
　　　　　　　　　　　　　　　　● 1

経緯の説明 3

今後は、このような浅はかなことを
繰り返さないよう精進してまいりますので、
引き続きご指導くださいますよう
平にお願い申し上げます。
　　● 2

今後への言葉 4

失礼だったことを事細かく再現しない

パーティの席で、参加者の経歴を知らずに、失礼に当たることを言ってしまったというケースです。

詳しくふれなくても何のことか相手にわかるのであれば、事細かに再現しないのがマナーです。そのときの状況を思い出すのは、相手にとっても不愉快だからです。

○×？ たとえば、次の×のように書くよりも、○のように書いたほうが、相手にとっては不愉快さが少ないはずです。

× 第一人者でいらっしゃる先生のご著書を、人気漫画と取り違えてしまうなど、許されないことでした。

○ 私が不勉強で、とんでもない勘違いをしてしまい、たいへん申し訳ありませんでした。

▶1 自分の至らなかったことを反省する表現です。ほかにもこんな書き方があります。

言い換え

・私が至らないばかりにこのようなことになり、反省しております。

・日頃の不勉強を深く反省致しました。

・よく理解せずに不正確なことを申し上げてしまいました。

▶2「平に」とは、平身低頭して「なにとぞ」とお願いするイメージでつかう強調表現です。「お願い申し上げます」「お詫び申し上げます」につけられる少し難しい強調表現としては、ほかに「切に」（切実に、心から）、「衷心から」（心から）、などがあります。

① 依頼・交渉
② アポ・日程調整
③ 案内・通知
④ 異動・転職の挨拶
⑤ お礼
⑥ 言いにくい返信
⑦ 催促
⑧ お断り・辞退
⑨ お詫び・訂正
⑩ 送り状・確認依頼

件名：販促プロジェクト効果測定報告書について

□□社
鈴木様

△△社の山田です。
お世話になっております。

先日、打合せの際にご要望のありました「販促プロジェクト効果」の昨年度報告書を添付にてお送り致します。

報告書は、第1部が効果測定の結果、第2部が各販促プロジェクトの概要説明になっています。
打合せでお話ししたのは、第1部の10ページ目「キャンペーン」についての部分です。

一応、内部資料ということになっておりますので、
部外秘でお願い致します。
何かご不明な点などございましたら、
お問合せください。

今後ともなにとぞよろしくお願い申し上げます。

そのまま使える
送り状・確認依頼メールのパターン

● 主要 2 パーツで構成 ●

宛　名

▼
▼

名乗り・挨拶

▼
▼

1 送付する旨の通知

▼ 送付物を送ることを書きます。相手がなぜ送付され
▼ るのかがすぐにわかるように、名称や経緯などを書
▼ き添えます。
▼
▼

2 送付物の説明やお願い

▼ 送付物に関する説明や確認のお願いなどがあれば、こ
▼ こに書きます。
▼
▼
▼

結　び

□□□□□□□□
□□□□□□□□□□□□□

┌─────────────────────┐
│ 送付する旨の通知 │
└─────────────────────┘

┌─────────────────────┐
│ 送付物の説明やお願い │
└─────────────────────┘

□□□□□□□□□□□□□□

パターン
⑩

送り状・確認依頼
メール作成のポイント

ポイント1

何を送られたのか
すぐわかるように

送り状はそもそもシンプルなものです。

紙の郵送物に入れる送り状には、送付物を箇条書きで記入するだけでいいいテンプレートもあります。

送り状メールには、次の2種類があります。

①添付ファイルで何かを送る場合

②現物を郵便・宅配などで別送することを知らせる場合

冒頭の「**送付する旨の通知**」では、送るものが何であるか（なぜ送るのか）を簡潔に書きます。現物を別送する通知である場合には、発送日もしくは到着予定日を書き添えるようにします。

ポイント2　**内容を整理して順序よく**

「送付物の説明やお願い」の部分では、次のような内容で必要なものがあれば書きます。

① 送付物の内容についての説明

② 内容の確認などのお願い

③ 取り扱いについての注意

④ 贈答品などの場合は日頃へのお礼

　伝えなければならない情報を漏らさないように気をつけます。いくつもの説明やお願いごとがある場合は、話が行ったり来たりしないように、内容を整理して順序よく書きます。わかりにくくなる場合は箇条書きにしてもよいでしょう。なお、伝えるべき内容がまったくない場合は、この部分は省略します。

⚠ 中身の確認をお願いしたいとき

　送る書類などについて、内容を確かめてほしいときの表現にはいろいろなものがあります。状況によってつかい分けます。

送付物を確かめてほしいときの表現

- **ご確認ください**：何にでもつかえる表現。
- **ご査収ください**：請求書など事務的な書類を送った場合に「間違いがないか調べて受け取ってください」という意味でつかう（187 ページ参照）。
- **お目通しください**：「目を通す」とは全体を一通り見ること。会議資料などを事前に軽く読んでおいてもらいたいときによくつかう敬語表現。
- **ご検討ください**：企画書や提案書など、検討するための書類を送る場合につかう。
- **ご高覧ください**：「見てください」の敬語表現で、特にていねい度が高い言い方。確認をお願いするというより、「ご高覧いただけましたら幸いに存じます」などの言い方で、見てほしい気持ちを控えめに表現するときにつかう。

---

❶ 依頼・交渉
❷ アポ・日程調整
❸ 案内・通知
❹ 異動・転職の挨拶
❺ お礼
❻ 言いにくい返信
❼ 催促
❽ お断り・辞退
❾ お詫び・訂正
❿ 送り状・確認依頼

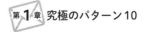

件　名：□□委員会議事録案確認のお願い

委員各位　❶

△△協会の渡辺です。
お世話になっております。

8月25日に開催しました□□委員会の議事録案を
作成致しましたので、お送り致します。

> 送付する旨の通知

ご多忙のところ誠に恐れ入りますが、
内容をご確認いただき、訂正がございましたら、
9月30日までにお知らせくださいますよう、お願い致します。

訂正をファイルに直接ご記入いただく場合には、
「変更履歴」機能を利用するなど、訂正箇所がわかるように
ご記入ください。
訂正がない場合は、その旨ご連絡ください。　❷

> 送付物の説明やお願い

なお、議事録は、皆様の訂正等をとりまとめたところで、
最終確認をお願いし、10月中旬には
当協会ホームページにて公開致します。

お手数をおかけ致しますが、　❸
なにとぞよろしくお願い申し上げます。

相手が返信方法で迷わないように

　送付した書類を確認してほしいと依頼することは、よくあります。いつもの相手であれば一言ですみますが、左の例のように、複数のメンバーがいたり、ふだんやりとりしていない相手だったりする場合には、返信方法などについても詳しく説明する必要があります。

▶**1**「各位」には、「（〜の）皆様へ」という意味があります。頭に何もつけず「各位」だけでも宛名になります。

言い換え

・委員の皆様

▶**2**　確認依頼への返信忘れは多いものです。このように訂正がない場合も連絡をもらうようにしておくと、忘れている人がいたときにわかります。逆に、訂正がない場合は連絡不要という場合には、そのように書き添えると親切です。

言い換え

・訂正の必要がない場合は、ご返信は不要です。

▶**3**　込み入ったことをお願いする場合の常套句です。

言い換え

・ご面倒をおかけしますが、

・お手数をおかけし誠に恐縮ですが、

件　名：心ばかりのものをお送りしました（□□社・伊藤）
　　　　　①

山田様

□□社の伊藤です。
たいへんお世話になっております。

今、出張で山梨県のファームにきております。
収穫したばかりのぶどうでつくったジュースの
お味が素晴らしく美味でしたので、
チームの皆様にもぜひご賞味いただきたく、
さきほど宅配便でお送りしました。

1
送付する旨の通知

明後日の午後には着くようです。
皆様のお口に合いましたら、うれしく存じます。

プロジェクトもいよいよ追い込みに入り、
無理をお願いしておりますが、
完成まであと少し、お力をくださいますよう
よろしくお願いいたします。

2
送付物の説明やお願い

取り急ぎ、お知らせかたがたお願いまで。
　　　②　　　　　　③

🗂 差し入れなら気軽な雰囲気に

　発注先の現場などに、差し入れを送る場合の送り状です。比較的気軽にメールを書ける関係かもしれませんが、相手への心づかいを表現するフレーズを入れたいところです。また、大袈裟になって相手に気をつかわせないように配慮します。

●1 「心ばかりのもの」は、気持ちだけのもの（大したものではない）という謙遜を含む表現です。「つまらないもの」と同じ意味ですが、近年になって「つまらないもの」と書くのは失礼だというネット記事が増えてつかいにくくなっています。本来はどちらも目上にもつかえる表現です。

●2 「取り急ぎ」も「とりあえず」と混同して、目上には失礼と書いているネット記事も多くなっていますが、「本来はお目にかかってお話しすべきところですが失礼します」という意味の伝統的な手紙用語です。ネット記事が気になる場合は「まずは」と書いておくと無難です。

●3 「かたがた」は、「を兼ねて」という意味です。シチュエーションによっては、次のように書くこともあります。

> **言い換え**
> ・ご返信かたがたご挨拶まで
> ・御礼かたがたご報告まで

第**2**章

時間をかけずに好印象！
信頼感を
さらに高める
メールの鉄則15

1メール1用件でまとめる。
的確なキャッチボールでメールの往復を減らす。
相手の行動を予測して情報を提供する。
過不足のない敬語をわきまえる。etc.
信頼されるメールを書くための15の鉄則を
言い換えフレーズ満載で解説します。

メール仕事は固めてする

📍受信箱は仕事を生み出す玉手箱！

　日本ビジネスメール協会の2022年の調査では、ビジネスパーソンが1日にメールにかけている時間は平均で3時間を超えるとされています。また、メールにはたいてい、確認やら判断やらを求める宿題が書かれており、開いた順番にひとつずつ片付けていたらいつの間にか午前中が終わっていた！　なんていうことも。

　メールソフトの受信箱は、仕事を生み出す玉手箱のようなものです。いったん開くと、細かい雑用が現れて手間をとられてしまい、予定外の時間が経ってしまうことがあります。

　不規則にだらだらメールチェックをすると、そのたびに予定外の仕事に手をとられ、仕事の手順が混乱したり、うっかり返信を忘れたりということも起こりがち。

　そこで、1日の流れの中でメール仕事に取り組む時間を決めて、流されないようにするというのも、よい考えです。緊急用件がないか件名だけはときどきチェックして、開封するのは、決めた時間だけにする、つまりメール仕事を固めてするのです。

📍集中処理で返信忘れを防ぐ

　メール仕事を固めてすれば、作業の錯綜を回避して返信忘れを防ぐことができます。

新着メールを開封したら、その対応に集中します。やむなく間にほかの仕事を入れるときは、そのメールが未対応であることがわかるように目印をつけます。

たとえば、次のような方法でうっかりを防止することができます。

保留するときの返信忘れ防止対策

① 未読表示に戻す
② 受信箱のフラグ機能を利用する
③ 返信作成画面を開いたままにしておく（メールソフト終了前に必ず処理を終わらせる）
④ ToDoリストアプリを利用する
⑤ 紙の付箋などに保留中の作業をメモして貼る

内容によって仕分けする

メール作業を固めて行うことは、返信忘れを防ぐだけでなく、作業効率を高めるためにも有効です。

ただし、すべてのメールの処理を決まった時間に完了させるというのは、たぶん難しいでしょう。なぜなら、調べないと答えられないもの、上司など関係者と相談しないと判断できないもの、添付された長大な資料等を読まないと返事できないものなど、作業時間を要するメールも少なくないからです。

そこで、メールの開封にあたっては、次のような視点から分類、つまり仕分けをして対応することをお勧めします。

内容に応じて緩急をつけた対応をすることは、マナーの点からも重要です。

メールのタイプによって分けて対応

① 返事が不要なもの（やりとり終了でよいもの、
　多数に向けた案内で回答を求めていないもの）
　　➡何もしない
② 用件が単純なもの（受け取るだけでよい書類の
　送付、一言で返せる問合せ）
　　➡即座に返信
③ 用件が大至急であることがわかるもの
　　➡即座に返信（多少時間がかかっても優先し
　　て返信）
④ 作業が必要だが当日中くらいにできるもの
　　➡作業完了後に返信（当日中もしくは翌日）
⑤ 作業が必要で返信に数日かかるもの
　　**➡とりあえずの返信で、後日回答することを
　　伝える**

保留フレーズ

　④や⑤のような対応をする場合は、いったん保留した返信を
忘れないように気をつけなくてはなりません。前ページで示し
た工夫をした上で、必要な作業をすぐに行うか、後の仕事の予
定に入れて確実に作業をするようにします。

　⑤の場合は、折り返しの返信で、すぐには返事ができないの
で少し待ってほしいことを伝えておきます。

　できれば、回答できる時期も入れたいところですが、入れら
れない場合は、それなりに婉曲な表現で書くことが必要です。

たとえば、次のような言い回しを覚えておくと便利でしょう。

> 報告書をお送りいただき、ありがとうございました。
> 拝読し、またご連絡差し上げます。

「拝読」は敬意を払う相手が書いたものなどを読む場合の謙譲語ですが、自分が書いたものを「拝読してください」などと書いている誤用が見られるので注意してください。

> ご意見ありがとうございました。
> 販売にも伝えて検討したいと思います。今週末までお時間
> をいただければ助かります。

> 企画書をおまとめくださり、誠にありがとうございます。
> 来週木曜日に企画会議がありますので、結論が出ましたら、
> 改めてご連絡申し上げます。

上の例は、いずれも最後に「よろしくお願い致します」と書くことを予想して、「お願い」という言葉を回避しています。

「1通1用件」が
うまく回る

1通1用件のメリット

　メール仕事を効率化するのに意外に有効なのが「1通1用件」ルールです。1通のメールに1つの用件を書くようにするという意味です。

　こんなメリットがあります。

> 🖐 **1通1用件のメリット**
>
> ① メールを短く、読みやすくできる
> ② 見落としや返信漏れが起こりにくい
> ③ 案件を1件1件片付けられる
> ④ 件名と内容がズレにくい
> ⑤ 案件ごとにスレッド化できて、情報を取り出し
> 　 やすい

読みやすい・返信しやすい

　メールを1つの用件でスッキリ構成できるのは、書く側にとっても、読む側にとっても大きなメリットです。

　長いメールにいくつもの用件が入っていると、読む側は、読むのに時間がかかるだけでなく、見落としや返信漏れをしやす

くなります。1メール1用件であれば、順番にひとつずつ片付けていけるので、処理が確実にできます。

◉「何だっけ？」がすぐに見つかる

データ管理という面からは、さらに大きなメリットがあります。

チャットの弱点は、いろいろな話題が錯綜してしまうことですが、その点、メールは件名さえきちんと分ければ、用件別にスレッド化できて、必要に応じていつでも過去のデータを掘り出せます。そんなメールの強みを活かすためにも、1通1用件にまとめ、内容と件名が常に一致するようにしておくことが有効です。

1通の中に件名とは関係のない用件をまぜてしまうと、返信が件名にない用件のほうに流れて、いつの間にか件名と内容がまったく一致しないやりとりになってしまうことがあります。

本章「⑤ 的確な件名で受信箱がスッキリ」（138ページ）も参考に、いつもメールに的確な件名をつけることも重要です。ここに気配りをするだけで、ゆくゆくはお互いが助かります。

 用件が錯綜しがちな場面

① 同じ相手との間で、複数のプロジェクトが同時進行している
② 進行中の仕事からさまざまな懸案事項が発生している
③ 長期間の仕事で、フェーズが変化している

📍 メールを分けて送るとき

　同じ相手にメールを書いているうちに、別件が思い浮かんだけど、分けたほうがいいなと思ったときは、こんなふうに書いてもよいでしょう。

> なお、8月に開催予定の□□□□会議については、
> 別途ご連絡致します。

　同じ相手に続けてメールを発信する場合には、次のように書きます。

> 重ねてのメールで失礼致します。
> 8月開催予定の□□□□会議について、
> 改めてご連絡致します。

📍 1つのメールにまとめるとき

　用件ごとに分けるといっても、関連事項を別メールにするとわかりにくくなることもあります。少し長くなっても1つのメールにまとめたほうがよい場合もあるでしょう。

　そんな場合は、受け取った側が用件をしっかり認識できるように、書き方を工夫することが必要です。

　ずらずらと境い目なく書くのではなく、要点ごとに箇条書きにします。項目ごとに見出しをつけてもよいでしょう。そして、冒頭の切り出しの部分で、どんな案件が含まれているのかを明示します。

昨日の会議で概要がまとまりましたので、(1) 開催時期、(2) 会場の選定、(3) メインゲスト　について、現時点での案をお知らせ致します。

　続く本文では、項目ごとに行を開けたり、見出しをつけたりして、読みやすい文面にします。
　また、長いメールでは、最初にお願いごとを忘れられてしまうことも少なくないので、返事がほしいことを最後にリマインドしておくと安心です。

懸案となっております、土曜日開催の可否、会場の収容人数については、ご意見をいただきたくお願い致します。

メールの往復を減らす

📍 メールの往復をコンパクトに

　メールのやりとりが多く、1日に何十本もメールを受け取る人もいます。処理する端から新しいメールがくるような状態はストレスフル。メール仕事を効率化するためには「メールの往復を減らす」という発想も必要です。

　1人の相手とのやりとりの回数はそんなに減らせるものではありませんが、それぞれの相手とのやりとりが1回ずつ減れば、全体で大きく省力化できます。

　メールの往復を減らす方法

① 「とりあえず返信」を減らす

② 先を見通して話を進める

③ 情報の抜けをなくす

📍「とりあえず返信」は必要か

　メールマナーとして、「メールが来たらすぐに返信する」ということが言われていた時代もありました。

　しかし、なんでもかんでも「届きました。改めてお返事します」というようなメールを返していると、いたずらに相手の受

信箱のメールを増やし、無駄な手間を増やしてしまいます。

内容や相手にもよりますが、返事に１日かかるのは常識の範囲、相手や内容によっては２、３日おいてもよいくらいのペースで考えて、「とりあえず返信」を減らしたほうが、お互いに効率化ができます。

もちろん、こちらが読んでいるかどうか相手が心配しているかもしれない緊急案件や重大案件は、折り返しメールが届いていることを知らせるなど、ケース・バイ・ケースで柔軟に対応することが必要です。本章「① メール仕事は固めてする」（120ページ）でも、とりあえず返信するための保留フレーズを紹介しているので参考にしてください。

遠慮がちな打診で往復が増える

メールの往復を減らすためには、話をどう進めるのか先を見通して書くことも大切です。

たとえば、初めての相手に面会を申し込む場合などは、いきなりアポイントをとろうとせず、会うことへの承諾を求める文面にするのがマナーです。でも、遠慮してこちらの都合を切り出せずにいると、かえってやりとりが長くなって、相手に手間をかけることになりかねません。

そこで、厚かましくない程度に時期を提示して打診をすると、話が早くなります。

次のページの表は、積極的な打診により往復回数が減らせた例（右列）を示しています。最初から下線部のように大まかな時期を示したことで、相手側が具体的な期間を提示することができました。その返信では、積極的に時刻まで提示したので、即座にアポイントが成立しました。

日時を詰めるやりとり（主要部分の抜粋）		
	遠慮がちな打診の場合	積極的な打診の場合
自分①	つきましては、一度お時間をいただき、ご説明させていただきたいと思っておりますが、いかがでしょうか。	つきましては、今月中にでも一度お時間をいただき、ご説明させていただきたいと思っておりますが、いかがでしょうか。
相手①	それでは、ご都合の良いときにご来社いただけますでしょうか。	それでは、ご来社いただけますでしょうか。20日の週の午後でしたら空けられます。
自分②	できましたら、今月中にと思っておりますが、ご都合はいかがでしょう。	勝手ながら、21日の午後2時ではいかがでしょうか。
相手②	20日の週の午後でしたら空けられます。	では、21日の午後2時にお待ちしております。
自分③	では、21日に伺いたいと思います。お時間は何時ごろがよろしいでしょうか。	
相手③	2時ではいかがでしょう。	
自分④	では、21日の午後2時にお伺い致します。	

　なお、対象期間中に自分の側に都合が悪い日がある場合は、あらかじめ知らせたほうが親切です。こちらから「ご都合のよい日」を尋ねたのに、相手が提示した日に、「その日は都合が悪くて」となるのでは、かえって手間が増えてしまいます。

> 誠に勝手ながら、第3週は15日（火）と17日（木）は予定が入っておりますので、それ以外の日にお願いできましたら、ありがたく存じます。

情報の抜けがあると往復が増える

　大事な伝達事項が抜けてしまい「さきほどのメールに書き忘れがありました」と追加のメールを送ったり、相手から「□□は必要ですか」と確認のメールを受け取ったりすると、それだけでメールの往復が増えてしまいます。メールを書いたら、内容に抜けがないかどうか読み返す習慣をもつことが必要です。

　本章「⑩ 受け取った相手は何をするか」（162ページ）でもふれますが、書いた内容が、相手が仕事を進めるために十分な情報になっているかどうか、想像力を働かせる必要があります。

　なお、大事な情報が抜けてしまって、追加でメールを送る場合は、前に送ったメールの返信引用にすれば、相手は最新のメールを1回読むだけですむので助かります。送信箱から補いたいメールを開き、返信をかけると、送信メールが引用された状態でメールを起こせます。

さきほどお送りしたメールに会場の電話番号が抜けておりました。たいへん失礼を致しました。
□□ホール　00-0000-0000

＜以下、前回メール＞
-----Original Message-----
From : □□□□ <abcd@abc.co.jp >
Sent : Monday, January 9, 20XX 3:41 PM
To : efgh@efg.co.jp
Subject : 講習会のお知らせ
・・・・・・

電話・チャットなどと使い分ける

📍メールはユニバーサルなツール

ビジネス用のチャットサービスが普及し、メールにとって替わるのではないかと言われたこともありましたが、対外的なやりとりでは今もメールが主流になっています。

メールは、アドレスさえわかれば誰にでも出せる、郵便サービス同様のユニバーサルなツールといえます。チャットやオンライン会議を自在に使いこなすためにも、メールでのやりとりはますます欠かせないものになっています。

メールと他のツールとの特性の違いを理解して、うまく使い分けることで、仕事をスマートに回すことができます。

メールのメリット

① 国、利用サービスや機器の環境に関係なく、ほぼユニバーサルに使える

② 交信の記録が残る

③ 転送や一斉送信など情報の拡散が自由に素速くできる

④ 検索・仕分け機能で膨大なデータを蓄積・活用できる

◉ それぞれのツールの長所を活かす

　紙の文書、メール、チャット、電話、オンライン会議……。ビジネスでのコミュニケーション・ツールは多岐にわたり、それぞれに特性があります。

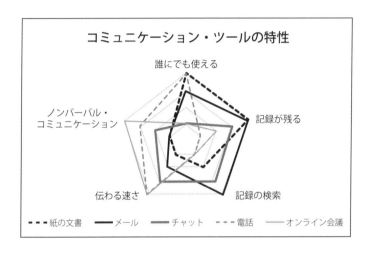

　「常に可能かどうか」などによって４段階評価をしてチャートにしてみました。電話（スマホを含む）とインターネット環境は、ビジネスでは誰でも利用していると仮定しています。また、「伝わる速さ」は、発信の必要性が発生してから相手がその内容を知るまでの長さで考えているため、届いていても開封が遅れる可能性のある場合は順位を下げています。

　この特性を踏まえると、次のような使い分けが考えられます。

◉ 損失を与える緊急事態は電話を

　「納品の遅れが相手の損失になる」「原稿にミスがあって印刷

を止めてもらいたい」など、相手に大迷惑がかかるような事態のときは、電話をかけます。電話は相手を直接呼び出し、強制的に伝えることができるツールです。

「実はたいへんなことになりまして……申し訳ありません！」と声で緊張や謝意を表現しながら事態を説明することもできます。お詫びをしようと長々とメールを書いていては、その間に相手の損失が広がってしまう恐れがあります。

お詫びのメールや手紙は、事態が収束してから改めて書くこともできます。

微妙な局面では声や表情を見せる

ノンバーバル・コミュニケーションという言葉を知っていますか？

ノンバーバルとは「非言語」という意味。人と人とのコミュニケーションにおいて、言語以外の表情やしぐさ、声の抑揚などで伝わる部分のことを指しています。

人は、迷うような状況のもとでは、相手が発する言葉の意味よりも、表情や声の調子などのノンバーバル・コミュニケーションを重視して判断していることがわかっています。

メールや手紙は文字だけの情報なので、ノンバーバル・コミュニケーションを含みません。そのため、たとえば「お願いします」という言葉が、強い要請なのか、遠慮がちな打診なのかはそれだけではわかりにくく、そのときの状況や前後に書かれた言葉などから判断するしかありません。たまに、思いがけない一言が相手の誤解を呼んで、話がややこしくなってしまうのはこのためです。

この点、電話であれば話し方や声の抑揚などで、こちらの気持ちがある程度伝わります。さらに、カメラオンのオンライン

会議であれば、お互いの表情もわかるので、相手の反応を見ながらこちらの伝え方を調整することもできます。

　少し前までは、初めて仕事をする相手とは、まず「会う」のがマナーでした。面談は信頼関係を築く最も手っ取り早い方法だからです。会えない場合も電話で挨拶することが多かったと思います。オンライン会議が普及してからは、オンライン会議を利用して顔合わせをすることも多くなっています。

　メールで仕事を進めていく途上でも、ノンバーバル・コミュニケーションが有効な局面があります。

　課題が複雑に絡み合ってしまった場合、相手の反応を見ながら交渉したい場合、相手に誤解がある場合や真意を図りかねる場合などは、思い切ってオンライン会議や電話でのやりとりに切り替えたほうが話がスムーズにつながりやすいものです。

　チャットは文字だけのコミュニケーションですが、最近はビジネスチャットでも簡単な絵文字を使ったりアイコンでリアクションできる機能が使えたりするので、メールよりは気持ちを伝えやすいかもしれません。

ノンバーバル・コミュニケーションが有効なとき

① 初めて仕事をする相手との顔合わせ

② 気をつかう打診など相手の顔色を見ながら交渉したいとき

③ 用件が複雑すぎて、ひとつひとつ相手の理解を確認しながら話し合いたいとき

④ お祝い、感謝、お詫びなどの熱い気持ちをストレートに伝えたいとき

他のツールをサポートするメール

　チャットを開始するためには互いに同じサービスに利用登録することが必要ですし、オンライン会議の場合も幹事がセッティングすることが必要です。お互いに普段利用しているサービスが異なっていたり、利用経験に差があったりすることを踏まえ、招待する側に十分な配慮が求められます。

　相手に選択してもらう場合には、こんなメールを書いてもよいでしょう。

> この件について詳細をご説明させていただきたいのですが、近々お時間をいただくことは可能でしょうか。貴社にお伺いするか、オンライン会議をセッティングさせていただくか、ご都合のよい方法でお願いできればと考えております。

　プロジェクトチームなどで社外の人とチャットを組みたい場合もあるでしょう。そんな場合も、まずメールで打診します。

> このあとの作業の連絡は、□□□□（チャットサービス）を利用したいと考えておりますが、いかがでしょうか。

　利用するチャットサービスが相手に不便ではないか気になる場合は、こんなふうに打診してもよいでしょう。

> 弊社では□□□□を利用しておりますが、もしも不都合がございましたら、お使いのチャットサービスで開設させていただくように致します。

◎メモを作成してメールで送る

　メールでのやりとりは話の進行がそのまま受信箱に残りますが、電話やオンライン会議で話すと、そこで決めたことが記録に残らず、後から困る場合もあります。必要であれば、簡単でもいいので決めたことのメモを作成し、メールで送るようにすれば、経過を記録に残せてお互いに助かります。

　最初に「後ほどメモをお送りします」と話しておくと、相手は安心できるでしょう。

　メールは、次のように書き出します。

さきほどは、お電話で失礼を致しました。
お願いしたい内容をまとめましたので、お送り致します。

　なお、オンライン会議で録音する場合、自動的に音声と画面表示で相手に確認する機能もありますが、REC ボタンを押す前に口頭で「録音をとらせていただいてもよろしいでしょうか」と確認するのがマナーです。

的確な件名で
受信箱がスッキリ

📍件名を軽視しない

　チャットの普及によって、メールをチャットのように使う人も増えているようです。挨拶が簡単になったり書き方が簡潔になったりするのはよいことですが、件名がいい加減になるのは支障があります。

　日々大量のメールを受け取る人にとって、件名はひと目で用件を把握できる重要な目印です。用件を的確に表した件名がついていることで、返信の処理もしやすくなるし、受信箱に並んだ件名でその日の仕事の状態を把握している人もいると思います。

 的確な件名をつけるメリット

① 受け取った側は、件名を見ただけで内容の見当がつくので、処理にとりかかりやすい

② 受信箱に並んだ件名で、その日の仕事の状況が把握できる

③ 件名で検索すれば、やりとりをスレッド状態で読むことができる

メールの強みは膨大な情報を整理もせずに受信箱にためておけて、さまざまな検索をかけて必要情報を呼び出せる点にあります。件名で呼び出せば、1つの用件に関するやりとりをスレッドで見られる点も、メールの優れた点です。こういったメールの機能を活用することが、メール仕事の効率化につながります。

◉タイミングよく件名を変える

　新しい用件でメールを書くとき、相手の前のメールを探して返信ボタンで新規にメールを起こし、そのまま送ってしまうと、以前の件名のままで送信されてしまいます。たとえば、新しい仕事の打診の件名が「RE: 請求書をお願いします」となっていたりするわけで、受け取った側は少なからず混乱します。

　あわてるとやってしまいがちですが、件名は用件が変わるたびに付け替える習慣をもつことが大切です。

　逆に、同じ用件でやりとりしている途中では、むやみに件名を変えないようにします。後で経過を見たいときに、スレッドで拾い出せなくなるからです。

　同じ件名でやりとりが続く中で、いくつかの細かいテーマが出てきたときや強調したいトピックスがあるときには、次のように書き足していくことも可能です。これだと、最初の件名も残るので、検索でも漏らさず拾い出せます。

> ○○○の企画案について
> ↓
> 企画が通りました！ RE: ○○○の企画案について

> □□キャンペーンについて
> ↓
> SNS 担当決め RE: □□キャンペーンについて
> サイトの発注 RE: □□キャンペーンについて

相手の受信箱を想像してつける

「ありがとうございました」「お願いです」など、誰からのものかも見当がつかないような件名は、迷惑です。受け取る相手の受信箱を想像して、類似の用件が多そうなときは見分けやすいように工夫したいところ。

たとえば、相手が会計担当者であれば、受信箱の中は、「請求書」や「お支払い」などの言葉があふれているはずです。そんな受信箱で埋もれてしまわないようにするためには、出所などの情報を追加するのが有効です。

> △　請求書をお送りします
> ○　【□□社】3月分請求書をお送りします

自分のメールが目立つためというよりは、相手にわかりやすいように考えます。相手がスムーズに仕事を進められれば、回り回って自分の仕事もスムーズに進みます。いつも気を利かせてくれるあなたに対する印象もよくなります。

もちろん目立つことを第一に考えなくてはならない場合もあります。同様の依頼をたくさん受けている相手に特別なアピールをしたいときなどです。

> △ 原稿のお願い
> ○ 10 周年記念号ご寄稿のお願い

　特別な依頼なのであれば、そのことを件名に入れてアピール
します。

> △ 新型□□が発売されます！
> ○ 音声操作ができる□□が発売されます！

　ダイレクトメールやメルマガなどで PR する場合は、件名を
見ただけで素通りされる可能性が高いので、関心をもってもら
えそうな言葉をアイキャッチにします。

🔖重要な言葉は前方に

　件名の表示のされ方はメールソフトによってさまざまです
が、文字数が多いと省略されるものが多いと思います。件名は
あまり長くなりすぎないように、長くなる場合も、なるべく重
要な言葉は前方にくるようにします。たとえば、

> △ 1 月 26 日に第 5 回□□協会理事会を開催します
> ○ 第 5 回□□協会理事会のご案内（1 月 26 日）

> △ 鈴木一郎様　□□株式会社より納品のご連絡
> ○ 納品のご連絡（□□株式会社）

　何についてのお知らせかがまずわかったほうがよいので、「□
□協会理事会」「納品のご連絡」という文字を前方に入れます。

日時は本文にあれば省略してもよいのですが、確実に予定してもらえるか不安がある場合などは、前ページのように書いてもよいでしょう。

📍 冒頭のアイキャッチ

　頭に【　】でくくった短い言葉をアイキャッチとして入れるのもよい方法です。

【□□社】春のキャンペーン企画について

【再送信】販売会議出欠のご確認

【訂正】チラシの納品先について

【お詫び】メルマガの誤配信がありました

【本日】RE: □□社との打合せ

【ご案内】□□オンラインセミナー 10.3 開催

【ご報告】□□□□８月期売上について

【御礼】報告会が無事に終了しました

　社名をアイキャッチにしている例もよく見かけます。ただし、長い社名の場合は邪魔になって肝心の用件がわかりにくくなることもあります。

　【再送信】は、出欠確認のお願いに回答がないメンバーがいるときや、前に配信した協力要請や募集がふるわず再度同じお願いを配信するときなどに使います。

　【本日】や【明日】は、リマインドをしたいときに便利です。【ご報告】【御礼】は、「こちらからの報告・感謝をお伝えするメールなので、特に返信していただかなくてもいいですよ」というニュアンスがこめられます。

　なお【至急】は本当に緊急の連絡のときのみ使います。多用

するのは印象が悪く、効果もなくなります。【重要】は厚かましい印象を与えることもあるので注意が必要です。

末尾の補足

> 購入者アンケート（素案）
>
> 購入者アンケート（ver.2）
>
> 購入者アンケート（決定版）
>
> 異動のご挨拶（山田○○子）
>
> 当局からの○○通達について（情報提供）

　文案などの検討を進める場合は、件名の末尾に更新の日付や段階を表す言葉を入れると便利です。

　(情報提供)は文字どおりですが、【ご報告】【御礼】と同じく「一方的な情報提供なので返事は不要ですよ」というニュアンスがあります。

挨拶は
決まり文句をつかう

◉挨拶に凝る必要はない

ビジネスメール、特にふだんの連絡メールでは、冒頭の挨拶に凝る必要はありません。決まり文句でよいと思います。

何か特別なことがあって親しみをこめたい場合や、大切な相手に久しぶりに連絡する場合などに限って、近況や季節のことなどを入れるようにします。

 挨拶を平凡にするとよい理由

① 挨拶に凝る時間を節約できる

② 返信時に相手に気をつかわせずにすむ

③ 特別に気持ちを伝えたいときだけ挨拶を変えたほうがインパクトがある

◉「お世話になっております」が基本

相手の宛名を書いた次に、自分の所属と名前を書き、挨拶を書くというのが、冒頭部分のパターンです。挨拶を書いてから名前などを書く場合もありますが、どちらでもかまいません。

最も汎用性が高いのは「お世話になっております」です。

<いつでも使える>
お世話になっております。
たいへんお世話になっております。

<朝一番の連絡で>
おはようございます。

<返信に返信する場合>
早速のお返事ありがとうございました。
ご返信ありがとうございました。
早々にお返事をいただき、ありがとうございました。

<相手の返信を待たずに連続して送るとき>
重ねてのメールで失礼いたします。
重ねてのご連絡になってしまい、申し訳ありません。

<先立って会うなどしている場合>
先日はありがとうございました。
先日はご足労いただき、ありがとうございました。
先日は貴重なお時間を割いていただき、ありがとうございました。
先日は貴重なお話をお聞かせいただき、ありがとうございました。
先般は、□□の会でたいへんお世話になりました。

　「ご足労」とは、会社にきてもらったときなど、相手に足を運んでもらったことを感謝するときにつかう言葉です。「ご苦労」と勘違いして目上につかってはいけないと言う人がいます

が、関係ありません。

「お時間を割いていただき」は、こちらから希望して相手の
ところを訪問した場合などにつかいます。

「先般」は「先日」と同様に近い過去を表す言葉ですが、や
やかしこまった言い方になります。

これらは主にBtoB、つまり取引先などとの連絡につかう挨
拶ですが、BtoC顧客（一般消費者）に出すメールは、通常の
連絡メールよりも丁寧な表現を用います。

<顧客に出すメールの場合>

このたびは、□□をお買い上げいただき、誠にありがとう
ございました。

このたびは□□のご利用、誠にありがとうございます。

日頃は、弊社製品をご愛用いただき、誠にありがとうござ
います。

関係をあたためたい場合の挨拶

ふだんの連絡メールに凝った挨拶は不要ですが、何か特別な
ことがあって気持ちを伝えたい、久しぶりの相手との関係をあ
たためたいというようなときには、それなりの言葉をはさむの
もよいと思います。

<共有できる出来事があった>

今朝の山手線の事故、影響はありませんでしたでしょうか。

今朝のニュースを聞き、ほっと胸をなでおろしております。

<大事なイベントが近い>

いよいよ本番が近づいてまいりました。
お陰さまで販売開始まであと１週間となりました。

＜久しぶりの連絡になるとき＞
ご無沙汰しております。お変わりありませんか。
久しぶりのご連絡で失礼致します。
昨年はたいへんお世話になりました。お陰さまでご協力い
ただきました事業は順調に推移しております。
いつもご活躍を拝見しております。
ますますお忙しくご活躍のことと拝察致します。
相変わらず、お忙しくお過ごしのことと存じ上げます。

＜季節のことにふれたいとき＞
少し寒さが緩み、ほっとしております。
桜もそろそろ満開でしょうか。
暑い日が続きます。
暑さも少し落ち着いてきて、通勤も楽になってきました。
街路樹が色づいてきました。

結びも定型文を常備

📍結びの言葉とは

メールにはたいてい結びの言葉があります。

「よろしくお願い致します」と結んでいる人も多いと思います。

この結びの言葉は、メールの最後に、相手に敬意を表すために書くものです。場合によっては、多忙な相手を煩わせることへの恐縮の気持ちを添えたり、回答を忘れないように念を押す言葉を添えたりもします。

「取り急ぎ」という言葉をつかって、「メールという簡便な方法で失礼します」という意味を表すこともあります。

 結びの言葉の役割

① メールの最後を締めくくる

② 相手に敬意を表す

③ 多忙な相手への恐縮の気持ちを伝える

④ お願いごとの念を押す

⑤ メールという簡便な方法であることの失礼を詫びる

◦ いつでもつかえる 「よろしくお願い致します」

　挨拶と同様、結びの言葉も凝る必要はありません。いつも「よろしくお願い致します」でも、問題はないと思います。

> よろしくお願い致します。
> どうぞ（どうか）よろしくお願い致します。
> なにとぞよろしくお願い致します。
> なにとぞよろしくお願い申し上げます。

　上は最もスタンダードな結びの言葉です。「なにとぞ(何卒)」は「どうぞ」と同様に頭を下げてお願いする気持ちを強調する意味があります。

　「お願い申し上げます」は「お願い致します」よりもかしこまった感じになります。

　これらに加えて、シチュエーションに応じて、本文に表し足りなかった気持ちを添える表現もいくつか自分のものにしておくと、臨機応変に対応できます。

◦ 「一件落着」な感じのときは

　「よろしくお願い致します」は、メール本文に書いたお願いや連絡について「よろしく取り計らってください」という意味で書きます。仕事がひと段落して、このあとしばらく連絡をとりそうもない場合などは、頭に「今後とも」を入れると、「ここまでよくしていただいたけど、これからもよろしくお願いします」という意味になります。

> 今後ともよろしくお願い致します。
> 今後ともよろしくお願い申し上げます。
> 今後ともご指導のほど、よろしくお願い申し上げます。
> 今後ともお引き立てを賜りますよう、よろしくお願い申し
> 上げます。
> 今後ともご愛顧くださいますよう、よろしくお願い申し上
> げます。

　「ご指導」は、目上の人に何かと教わりながら仕事をしている場合につかいます。

　「お引き立て」は、取引先や顧客などに対して「いつも買ってくれて（利用してくれて）ありがとう」という気持ちをこめて書きます。

　「ご愛顧」は、商品やサービスを購入してくださるお客様（一般消費者）に対してつかいます。

📍いったん時間をおきたいとき

　やりとりの切り上げどきに迷うようなときにも、上のように「今後とも」という言葉をつかって、いったん時間をおくことを匂わせることもできます。

　ほかにもこんな言い方ができます。

> またお目にかかれるときを楽しみにしております。
> また、何かありましたらご連絡ください。
> ご不明な点などございましたら、いつでもお問合せください。

最後の「ご不明な点など…」というフレーズはよくつかわれますが、目上の人に書くときには「遠慮なく」「お気軽に」などをつなげないほうがよいでしょう。

> △ ご不明な点などございましたら、遠慮なくお尋ねください。
> ○ ご不明な点などございましたら、なんなりとお尋ねください。

もともと目上の人は「遠慮する立場」ではないので、「遠慮なく」と言われると違和感を感じる人もいます。

近々に会ったり話したりするとき

次に何かすることが決まっているときは、そこにふれて締めくくります。

> それでは、明日お伺いしますので、よろしくお願い致します。
> 明日ご足労をおかけしますが、お待ちしております。
> では、来月の会議よろしくお願い致します。

メールの続きを電話で話したいときはこんなふうに。

> このあとお電話させていただきます。
> 後ほどお電話申し上げます。

念押しをしておきたいときは

　メールが長くなってしまうと、最初の用件が忘れられてしまうことがあります。不安な場合は、最後に念を押しておきます。

> それではお手数ですが、送付先住所の件、お返事をお待ちしております。

　このあとに「よろしくお願い致します」と結んでもよいでしょう。

メールで送る失礼を詫びる気持ち

　「取り急ぎ」という言葉は、手紙用語からきています。第1章でもふれましたが、「本当はお伺いしてお会いして伝えるべきところ、お手紙で取り急ぎ失礼致します」という意味です。

　これを「とりあえず間に合わせで」という意味に誤解して、目上に使ってはいけないなどと間違った知識を広めているネット記事もありますが、由緒正しい手紙用語なので気にせず使用してください。

　ただ、相手からどう思われるか気になる人は「まずは」に置き換えてもよいでしょう。

> まずは（取り急ぎ）、メールにて失礼を致します。
> まずは（取り急ぎ）、御礼とお願いまで。
> まずは（取り急ぎ）、御礼かたがたご案内まで。

　後二者は、念押しの意味も含まれています。この結びで、「あれ？ お願いも書いてあったっけ？」と気づく人もいます。

🔍特別な親しみをこめたいとき

結びも決まり文句でよいのですが、一言あたたかい言葉を添えたい、親しみをこめたいという場合には、こんな表現もあります。

\<健康を気づかう＞
時節柄、十分にご自愛ください。
暑さ厳しい折柄、ご自愛のほどお祈り申し上げます。
時節柄、どうかお体を大切になさってください。
寒さが厳しくなっておりますので、お風邪など召しませんようにお気をつけください。
ご多忙のこととは存じますが、くれぐれもお体にお気をつけください。

\<エールを送る＞
ますますのご活躍をお祈りしております。

\<もっと近づきたいとき＞
近くに美味しいイタリアンの店が開店しました。よろしければ今度ご一緒できればと思います。

「(ご) 自愛」は「自分を労わる」「体を大切にする」ことを意味します。「十分にご自愛いただき、お体を大切になさってください」と書くと、内容が重複してしまうのでどちらかにします。

署名省略の落とし穴

📍署名がないと困ること

　受け取ったメールに署名がなくて困った経験をもつ人は、結構いるのではないでしょうか。

　メルアド以外の連絡手段が必要になるときもあります。たとえば、何か郵便で送りたいときや訪問する経路を調べたいときには住所が必要です。急いで電話で連絡を取りたいのに電話番号がわからないとあわててしまいます。名刺を探したりネットで調べたりしながら、メールに署名を入れてくれたらいいのに、と思うことはしばしば。

　署名は、相手の手間を省くために入れるものと考えたほうがよいでしょう。

メールに署名を入れておくとよい理由

① 相手が住所や電話番号を知りたいときに、すぐに調べられる

② アドレス帳などに登録するときも、自動登録機能もしくはコピペで簡単にできる

③ みんなに知らせたい情報を書き添えることもできる

📍受信箱はいつも開いている「名刺入れ」

　署名が抜けがちな人が増えているのは、チャットに慣れて必要性を感じなくなっているのかもしれません。しかし、署名は重要な情報源。電話をかけるとき、メールを検索して署名を見てかける人も多いはずです。受信箱が簡単に検索できる名刺入れのようになっているのです。

　名刺管理ツールなど紙から電子データを起こしたり、それを社内で共有したりできるシステムも普及していますが、いつも開いているメールの受信箱に常に必要情報があるというのは便利です。最近は、メールのやりとりとオンライン会議だけで仕事が完結してしまうケースもあって、名刺交換しないままになってしまう相手もいるので、そうなるとメールの署名はますます重要になります。

　スマホでメールを打つ場合は、画面が小さいので署名を邪魔に感じる人もいるかもしれません。スマホメールのときは署名省略と決めておいてもいいのですが、1つの用件のスレッドに最低1回は署名が入っていないと、相手が困る場合があります。スマホメールの頻度が高い人は、スマホにも署名を設定しておくほうが親切です。

📍署名に何を入れるか

　署名の内容はそれぞれが必要だと思う情報でまとめてよいのですが、住所と電話番号は何か事情がある場合以外は入れたほうがよいでしょう。ただし、自宅で営む個人事業の場合などは、安全のために住所を省略することもあります。

　スマホでのメールのやりとりが多い場合には、シンプルで文字数が少ない署名にするのもよいと思います。

BtoBのビジネスメールはテキスト形式でのやりとりが基本なので、文字に凝ったり画像を入れたりするのは迷惑になります。

```
********************************
□□□株式会社　第一営業部
山田広子　h.yamada@abcd.co.jp
〒 104-0000 東京都中央区□□□ 0-0-0
Tel：03-0000-0000


- - - - - - - - - - - - - - - - - - -
株式会社□□□□　https://www.zzzzz.jp/
企画課長　鈴木一郎（すずき　いちろう）
〒 101-0000 東京都千代田区□□□□ 0-0-0
TEL：00-0000-0000
携帯：000-0000-0000
Email：i.suzuki@efgh.co.jp


・・・・
Miki ishida（石田美紀）
□□□社　〒 231-0000 横浜市中区□□ 0-0
Tel&Fax：0000(00)0000
Mobile：000(0000)0000
e-mail：miki.ishida@ijkl.co.jp
* 事務所が移転しました。
```

最後の例のように、メールを出す全員に知らせたいことを署名に入れるのも一案です。

事務連絡のほかに、自分の取り扱っている商品の PR などを

入れる場合もあります。

 署名に入れられる最大要素

① 名前（読み）

② 社名・所属・肩書

③ 住所

④ 電話番号（固定・携帯）

⑤ ホームページのURL

⑥ お知らせ

忙しい相手ほど
期限をほしがる

いきなり期限を書くと厚かましいか

　仕事を依頼するときに、いきなり期限（締め切り）を書くと失礼ではないかという心配をする人もいるでしょう。相手との関係にもよりますが、たいていの場合、早い段階で期限を示したほうがよいと思います。頼まれる側は、期限について何も書かれていないと、仕事の優先順位を決めかねてしまうからです。特に忙しい人は、対応を迷っているうちに返信を忘れてしまうこともあります。

　ただし、名前の知れた偉い先生や年配の功労者など、周囲が明らかに気をつかっているような相手の場合は、慎重に。いきなり期限を持ち出すと違和感を持たれてしまうこともあります。

最初から期限を書くかどうか

① 業務の依頼（発注）→最初から明確に書く

② 小さい単位の仕事の依頼→最初から明確に書く

③ 長期、大きな単位の仕事→大まかな時期の希望
　を打診して相談して決める

④ VIP級の気をつかう相手への依頼→大まかな時期
　の希望を打診し、相談して決める

失礼にならないか気になるときは、大まかなこちらの希望を知らせてみて、相手の反応を見ながら相談する形で予定を詰める書き方をします。

◉ いつもお願いしている 相手への書き方

　こちらが発注元である場合とか、いつも業務連絡をしている相手である場合には、常に期限を明確にして、相手に「いつまでに必要ですか？」と聞き返す手間をかけさせないようにします。依頼内容を箇条書きにする場合は、「納品日」「締め切り」などの項目を設けて記入します。

> 納品は、2月20日までにお願い致します。

> 原稿は、4月30日までにいただけましたら幸いです。

> 出欠について、6月5日までにご返信くださいますようお願い申し上げます。

> ご都合のほど、今月末までにお知らせください。

> たいへん勝手ではございますが、来週10日ごろまでにお目通しいただけますと助かります。

　イレギュラーなことがある場合などは、注意喚起をします。

今回は夏季休暇の関係で、納品日が1週間早くなっておりますのでご注意ください。

今回スケジュールが詰まってしまい、期間が短くて恐縮ですが、5月10日までにお送りいただけますと助かります。

気をつかう相手への書き方

　いきなり具体的に日にちを書くと失礼になるのではないかと心配な場合には、段階的に交渉する形をとります。こちらの大まかな予定を知らせて、そこから話を進めます。

弊社では研究大会の開催を5月ごろに予定しておりまして、できましたらその前に、報告書をおまとめいただけないものかと考えております。

7月にはプレリリースを予定しておりますため、実はあまり時間がありません。先生のご都合に合わせて進行したく存じますが、5月中にお時間をいただくことは可能でしょうか。

すぐに返事を求めない、
なくてもいいときの書き方

　何か書類を送って中身を確認してほしいが、急がないというときに「お手隙のときにご確認ください」と書いているメール

もよく見かけます。ただし、そのままだと忙しい相手に失念される可能性も。返事がほしい場合は次のようにひと言加えておくと安心です。

> お手隙のときにご確認ください。もしも何かありましたら、今月いっぱいまでにお知らせいただければ間に合います。

　返事がこなければ、承諾とみなすと書いておくことで、相手の手間が省ける場合もあります。

> 特に問題がない場合には、ご返信は不要です。

　逆の場合は、期限を示した後に、次のような一文を入れておきます。

> 特に修正がない場合でも、その旨をお知らせください。

　重要性が低いこと、余計な心配かもしれないことを尋ねるときは、次のように書いて、返信不要であることを伝えることができます。

> この件について弊社に問合せが何件かありましたので、念のためお尋ねしましたが、特に問題がなければご放念ください。

　「放念」は、忘れてしまう、気にかけないという意味です。

受け取った相手は
何をするか

📍 メールで見える「仕事ができる人」

メール仕事をしていて、「前のメールでちゃんと説明しておけばよかった」と後悔することはありませんか。少しばかり手を抜いたばかりに、相手の勘違いを招いて面倒なことになることもあります。逆に、気が回らない相手のメールのせいで、手間が何倍にもなってイライラしてしまうこともあります。

メール仕事を快適にするためには、メールを受け取った側の行動を予測して書くことが大切です。つまり、このメールを受け取ったら相手は何をするだろうか、その行動を助けるためにはどんな情報が必要だろうか、どんなメールの送り方が助かるだろうか、を考えるのです。

 相手の行動を読んで気を利かせる場面例

① 何かを調べるかもしれない
② 何かを送る作業をするかもしれない
③ 社内で検討するかもしれない
④ 会議室を予約するかもしれない
⑤ 来るとき迷うかもしれない
⑥ 急な変更があるかもしれない

こういった場面で、相手のことを考えたメールの書き方ができる人は、「仕事ができる人」として信頼されるはずです。

調べるだろうなと思ったら

メールはなるべく端的にわかりやすくまとめたいところですが、どうしても難しい内容が入ってきてしまうことがあります。いちいち詳しく解説をしていると、メールがどんどん長くなってしまうことも。

そんなときは、相手が手軽に調べられる手がかりを入れておくのが親切です。

必要な情報がネット上にあるのであれば、URLを入れます。同じ資料が手元にあったとしても、それを添付するよりネット上の資料にリンクを張ったほうがワンクリックで見に行くことができて便利です。

これについての内閣府の通知がこちらにあります。

「□□□□の防止について」

https://www8.cao.go.jp/shikakushikakushikakusikaku/.pdf

送る作業をすると思ったら

こちらから何かを送ってほしいと要請する場合には、送る方法やそのときに何が必要かを考えてメールを書くことが必要です。

現物を郵送や宅配便で送る場合は、郵便番号も含めた住所、電話番号などが必要になります。署名に書いてある場合でも、部署名も含め、きちんと書き出すと親切です。

もしかしたら、相手はメールを渡してほかの人に発送を任せ

るかもしれません。そんな場合でも手間がかからないように気を利かせます。

> お手数ですが、次のとおりご送付をお願い致します。
> ＜秋のキャンペーンパンフレット＞
> 部数：300部
> 送り先：〒102-0000 千代田区麹町 0-0-0
> 株式会社□□□□　営業部第1課　関東チーム
> 上田次郎　宛
> 電話：00-0000-0000

　書類の扱い方は電子契約の導入など大きく変化しており、業界や会社によりさまざまなやり方がされているので、注意が必要です。

　たとえば、メールで書類を送り「押印してご返送ください」とお願いする場合がありますが、押印した書類をスキャンしてメール添付でよいのか、現物を郵送で送り返す必要があるのかなど、相手の作業に必要な指示を依頼時に伝えないと、相手に確認の手間をかけさせてしまいます。

> お手数ですが、添付しました書類の1ページ目に押印をいただき、スキャンした画像をメール添付にてご返信いただくか、郵送でお送りくださいますようお願い致します。

　なお、郵便で請求書等を送る場合の送料は送る側が負担するのが常識ですが、それ以外のものを郵送や宅配便で送るようにお願いする場合は、返信用封筒を送ったり、着払いを案内するなどして、相手が送料を負担しなくてよいように気をつかうのがマナーです。

社内で共有するかもしれない と思ったら

　自分が送った情報を、相手が社内で共有して検討することが想像される場合もあるでしょう。

　その場合は、メールにすべて書き込むのではなく、会議などで配布できる書類として作成し、添付ファイルで送ると相手は助かります。書類が一人歩きする可能性も考えて、必要に応じて社名や作成者名、日付なども入れます。メール本文で説明したことも、必要なら添付書類のほうにも入れて、相手がそのまま使えるように気を利かせます。

> ここまでの経緯を添付ファイルにまとめましたので、対応をご検討いただきたくお願い申し上げます。

　ちなみに、会社のメールアドレスによる通信は、会社同士の通信とみなされるので、社員がやりとりしたメールの内容を社内で共有することは問題ありません。

　逆に、会社のメールアドレスで私信をやりとりしていた場合、それを上司にチェックされても文句は言えません。

会議室を予約するかもしれない と思ったら

　お客さんの来訪を受けるとき、応接室や会議室を使う会社は多いでしょう。メールのやりとりでアポイントが決まったとき相手がまずすること、それは応待場所の確保です。

　何も言わなければ、アポイントを申し込んできた人が１人

でくるものと解釈されますが、複数人数で訪問する場合には、人数を知らせる必要があります。

> 開発課の者も同行しますので、2名で伺わせていただきます。

> 現場の者もお目にかかりたいと申しておりますが、4名でお伺いしてもよろしいでしょうか。

> 今回もチームのメンバーで参りますので、5名でお伺いすることになります。

> 今回は、山田の都合がつかず、私1人でお伺い致します。

迷うかもしれないと思ったら

また、意外に困ってしまうのが、次のような場合です。

 道案内を丁寧にしたい場合

① 最寄駅が複数ありアプリが提案する経路の種類が多く調べるのに時間がかかる
② 類似した名称の建物が近くにあり、間違えやすい
③ 入り口がわかりにくい
④ 入館手続に必要な情報がある

このような事情がある場合には、わかりやすく説明します。いつでも使えるように説明文を作成して登録しておくと便利です。

> 麹町駅からですと、出口1を出て新宿通りをまっすぐですので、わかりやすいかと思います。

> □□□ビルは第1と第2がありますが、第2ビルのほうにお願い致します。

> オフィス棟の入り口は大通り側にあります。

> 4階までおいでいただき、入り口の内線電話で制作管理課の伊藤を呼び出してください。

なお、会議の案内状を作成して添付ファイルで送る場合も、場所・時間・連絡先などの案内をメール本文のほうに書き出しておくと、スマホなどでも確認しやすいので相手は助かります。

急な変更があるかもしれないと思ったら

待ち合わせなどでお互いが移動するような約束をする場合には、携帯番号を知らせておくようにします。

相手の番号を知りたい場合も、まず自分の番号を知らせてから聞くようにします。

鉄則 ⑪ ｜ 返信引用を活用する

📍返信引用は便利だ！

　自動の返信引用の機能はとても便利なものです。

　相手のメールへの返信ボタンを押すと、自動的に元のメールを引用してくれるので、それを繰り返すと、やりとりが新しいメール文の下につながって、いつでもやりとりの履歴が見られるようになります。

　メールを書きながら、誰？　いつ？　どこで？　何を？　などの正確な情報を確認するため、前のメールを遡ることはよくあります。返信引用がついていれば、そのまま下にスクロールすればわかるので、手間がはぶけるのです。

　返信メールに自動で返信引用をつけるかどうかは、設定で選ぶことができます。

> ### 返信引用のメリット
>
> ① 前回に話し合ったことを確認しながら、次のメールが書ける
> ② 同じ用件についてのやりとりの過去の履歴が手軽に見られる

　ただし、返信引用の機能を使うことには賛否があって、意図的に返信引用を使わないようにしている人もいます。

メールが長くなることを嫌う意見

　返信引用でメールが長くなることを嫌う人もいます。

　確かに以前、通信量・受信箱内での容量がかさむという理由で長いメールが嫌われた時代がありましたが、今は通信機器のスペックが上がり、文字数そのものが問題になることはありません。必要がなければ見なくてもよい部分なので、返信引用部分が長くなることに実害はあまりないはずです。

　ただし、メールソフトによっては、添付ファイルがメールの最後に表示されるものがあり、この場合は、あまり返信引用が長いと添付ファイルが見落とされることがあります。

情報漏洩がこわいという意見

　もうひとつは、情報漏洩のリスクが高くなるという意見です。長い履歴をぶら下げているメールをやりとりしていると、何かの原因でメールが流出したときに、漏れる情報量が多くなることが心配されています。しかし、そもそもメールという通信手段のリスクは常にあるものなので、返信引用を使わないことで防げる部分はきわめて小さいと思われます。

　ひとつ気をつけなければならないのは、返信引用をぶら下げたまま、第三者に同報したり転送したりすること。「その人（第三者）には知らせてはいけない情報が含まれていた」「その人には失礼な書き方をしていた」ということにもなりかねません。そうなると、やりとりしていた相手方にも迷惑がかかります。そのため、返信引用を常用する場合には、次のようなことに気をつける必要があります。

自動の返信引用で気をつけること

① 別の用件で書くときや、フェーズが変化したときは返信ボタンを使わないで新規メールを立ち上げる
② 第三者に同報や転送をする場合は、新しいメールを立ち上げるか返信引用を削除する
③ 何スクロール分にも伸びて長くなりすぎていると感じる場合は、古い部分を削除する

返信引用を活用してラクに答える

　相手から問われたことに答えるときや、相手が書いていることに間違いがあり訂正する場合などは、返信引用を活用すると書きやすく、また正確に書くことができます。

> 第1期は9月1日から9月30日までという認識で
> よろしいでしょうか。
9月1日は日曜日ですので、正確には2日からになります。

> 先日の会議で□□□工事を来年度に実施すると
> いうことでしたが、予算案に含まれていません。
議事録を確認したところ、□□□の更新工事は次年度に予定することになっておりました。

　相手のメールの返信引用から必要部分をコピー＆ペーストして、それに答える形で書くと簡単です。
　相手からの質問が多い場合も、返信引用を活用して一問一答

形式で答えることができます。

> 納期は、これがデッドラインということでしょうか。
たいへん申し訳ないのですが、そのように考えております。

> ラフデザインは何案必要でしょうか。
できましたら3案お願い致します。
今回は自然をテーマにしたものを含めていただけますと幸いです。

> 写真素材は□□社のものを予定しておりますが、
> 予算次第では新たに撮影することもできます。
残念ながら、予算が限られておりますので、
予定どおりお進めいただけると助かります。

同報機能を使いこなす

📍 同報機能はメールの強み

グループチャットは、同じメンバーと繰り返しやりとりしたいときに便利ですが、メールの同報機能は、1回きりのお知らせでも、繰り返しのやりとりでも、そのつど自由にメンバーを選んで発信できる点が便利です。

次のような種類があります。

> 👆 同報する3つの方法
>
> ① To欄（通常の宛先欄）に複数アドレスを入れる
> ② Cc欄を使う
> ③ Bcc欄を使う

この3つの方法には、それぞれ意味や機能の違いがあるので、理解して使い分けることが必要です。

📍 当事者が複数のときは To 欄に

宛先とする相手が複数の場合は、To欄にアドレスを並べて入れます。この場合、相手側では、ほかに誰に送っているかがわかる形で表示されます。

To欄にアドレスを並べるのと、Cc欄に入れるのでは意味が

違ってきます。

To 欄の相手は、やりとりの当事者なので、必要に応じて返信すべき立場にあります。Cc 欄の相手は、参考までに送る、あるいは何か必要性があって内容を共有してほしいから送るという位置づけになるので、何もなければ黙っていてもよい立場になります（必要があればやりとりに参加してもよい）。

To 欄に並べた相手は、メール本文の冒頭にも宛名として並べます。人数が多い場合や並べ方に迷う場合は、「皆様」などとします。

＜宛名を並べる＞
　大山様
　鈴木様

＜全員に呼びかける＞
　皆様
　安全管理委員の皆様へ
　関係者各位

「各位」は敬称でもあるので、「各位様」「お取引先様各位」とは書きません。ただし、「お客様各位」はよくつかわれているので容認されています。

控えを送る相手は Cc 欄に

Cc とは、カーボン・コピー（複写）の略です。Cc 欄に入れる相手は、上でも説明したように、「To 欄の人に送る内容を、あなたにも送っておきますね」という意味合いになります。この場合、相手側では、To 欄に誰が入っていて、Cc 欄に誰が入

っているか、わかる形で表示されます。

　たとえば、Cc欄に上司や情報共有させたい社内の担当者を入れる場合は多いでしょう。相手が知らない人をCcに入れてもかまいませんが、必要があれば誰か説明するようにします。

＜宛名に書き添える＞

大山様

　（Cc：山田）

＜本文中で説明する＞

大山様

　お世話になっております。

　□□社の鈴木です。

　営業課長・鈴木、会計担当・山田にも同報しております。

📍多数へのお知らせはBcc欄に

　Bccは、ブラインド・カーボン・コピー（隠された複写）の略です。本来は、相手に同報者がいることを知られたくない場合に用いる機能ですが、今は、互いに面識がない人たちに一斉送信する場合に多く用いられています。受け取った側では、Bcc欄に記入された他の送信先は見えません。

　メールアドレスは個人情報なので、無断で第三者に漏らすのは重大なマナー違反になります。まれに、Bccで送るはずのメールをCcで送ってしまい、メールアドレスの大量流出になるという事故が起こっていますので、注意が必要です。

　Bccで多数の人にお知らせなどを送る場合、メール本文の冒頭で、それとわかる書き方をしたほうが、読む人に違和感をも

たれません。たとえば、次のような書き方です。

> このメールは、□□□についてお問合せをいただいた方に
> お送りしております。

> このメールは、□□□関係者の皆様に Bcc にてお送りして
> おります。

📍 3つの方法の違い

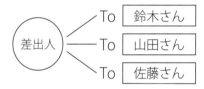

全員に宛てている。
👁受信者は他のメンバー
がわかる。

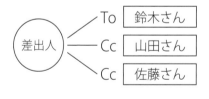

鈴木さん宛てのメールを
山田さん、佐藤さんにも
共有している。
👁受信者同士で誰が to
で、誰が Cc かわかる。

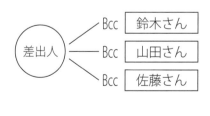

互いに面識がない複数の
人に宛てる。
👁受信者は他のメンバー
がわからない。
（To 欄の入力が必須のソ
フトの場合は自分を入れ
る）

敬語のグレードを知る

ほどよい敬語をつかう

　敬語には、グレードがあります。時代とともに、だんだん軽いものがつかわれるようになっていて、TPO によってもつかい分けることが必要になっています。

　次のような場面に分けて考えるとわかりやすいと思います。

> 🖐 敬語のグレード
>
> ① お客様（一般消費者）・VIP・儀礼用の敬語
> ② 社外との取引関係でつかう敬語。ビジネス敬語
> ③ 社内用の敬語

　お客様（一般消費者）につかう敬語、VIP や儀礼的な連絡でつかう敬語は、通常のビジネス用敬語よりは重い表現が多くなります。

　たとえば、「〜でございます」は①では常用しますが、②では、通常の担当者同士ではあまりつかいません。③では、社長など普段やりとりしていない「偉い」相手にしかつかいません。

　明確な決まりがあるわけではありませんが、よりふさわしいつかい方を理解しておくことで、敬語で悩む時間を減らすことができます。

社内メールは軽くする

③の社内用の敬語は、できるだけ簡素にして効率化します。職場の慣習にもよりますが、相手が上司であっても、「です」「ます」などの丁寧語ですませ、尊敬語や謙譲語はあまりつかわないのが普通です。

```
お願い申し上げます。
お願い致します。          ①お客様用・②社外取引関係用
お願いします。            ③社内用
```

敬語では「目上」「目下」という区別ばかり気にしてしまいがちですが、「社外」「社内」の区別も意識すると、判断しやすくなります。

ちなみに、尊敬語・謙譲語・丁寧語とは、次のような敬語の種類です。

基本的な敬語の種類

【尊敬語】敬意を払いたい相手の行動や状態を持ち上げて表現する敬語

【謙譲語】敬意を払いたい相手に対するこちら側の行動や状態をへり下って表現する敬語

【丁寧語】「です」「ます」「お」「ご」などのように、単純にていねいさを添える敬語

重い敬語をつかうほど礼儀正しいというわけではありません。その場に合わない敬語をつかいすぎると「慇懃無礼」と思われてしまうこともあります。

📍「わかりました」のグレード

先に挙げたグレードを、よくつかう「わかりました」という表現で考えてみると、次のようになります。

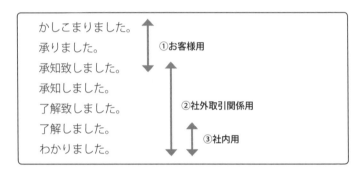

厳密に考える必要はありませんが、仕事に慣れた多くの人にとって違和感のないつかい分けだと思います。

「承る」は「聞く」の謙譲語です。「承知」と「了解」は、どちらも「わかる」という意味ですが、「承」の字が入っている「承知」のほうが、相手に従うニュアンスが強く、お客様やVIPなどに対してつかうのに適しています。「了解致しました」も「致しました」という謙譲語がついているので、相手への敬意が含まれていますが、どちらかというと対等な関係で理解したことを伝えるときに適しています。

なお、『「了解」は目上の人につかってはいけない』と言われたこともありますが、日本語的には問題ありません。ただし、お店で注文を受けた店員がお客様に「了解しました」とは言わないので、相手に応じてつかう必要があります。

📍「受け取りました」のグレード

仕事でよくつかうフレーズに「受け取りました」があります。送る物にもよりますが、次のようなフレーズがよくつかわれます。

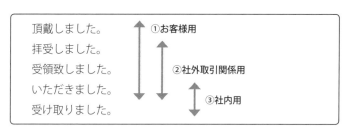

「頂戴」は「もらう」の謙譲語で、頭の上でうやうやしく受け取る意味が含まれています。口語では聞きますが、メールではあまり見かけなくなりました。

📍自分に合った表現を

手紙では長らく、重々しく尊敬語・謙譲語を重ねた慣用句がつかわれてきましたが、メールでは平易な表現に置き換えられてきています。儀礼的な内容（会社としての公式な挨拶など）でなければ、メールの敬語を軽くしても、自分なりにていねいな書き方ができていれば、失礼ではありません。

> 平素は格別のご高配を賜り、厚く御礼申し上げます。
> ↓
> たいへんお世話になっております。

頻出敬語を
つかいこなす

📍 敬語で悩む時間がバカにならない

メールの文面を考えるとき、敬語のつかい方に悩んで時間がかかるという人も多いと思います。

> ### 敬語で悩むこと
>
> ① 敬語が足りないのではないかと不安になる
> ② よく聞く敬語だけれど、書いてみたら自信がない
> ③ メールに第三者が登場したときの敬語の付け方が難しい

①は、前節のグレードの考え方で解決できることも多いのではないかと思います。通常のビジネスシーンのメールでは、軽めの敬語が好まれているということです。

②は、つかい慣れない敬語をつかって間違ってしまうケースも多いので、よくつかう敬語は正しいつかい方をインプットします。何度かつかえば、迷いなくつかえるようになります。

③は、目上・目下、社外・社内などの関係をどう考えたらいいか、基本を理解できれば難しくありません。

よく間違われる敬語

　尊敬語（相手の行動などを持ち上げる表現）を用いるべき場面で、謙譲語（相手に対する自分側の行動などをへり下らせる表現）を用いてしまう間違いをよく見かけます。

　✕ 添付の書類を拝見してください。
　〇 添付の書類をご覧になってください。
　〇 添付の書類をご覧ください。
　　※「拝見」は、相手に属するものをこちらが見る場合につかう謙譲語。「ご著書を拝見しました」など。

　✕ 今日はどちらから参りましたか。
　〇 今日はどちらからいらっしゃいましたか。
　〇 今日はどちらから来られましたか。
　　※「参る」は「行く」「来る」の謙譲語。

　✕ どうぞいただいてください。
　〇 どうぞ召し上がってください。
　　※神仏や自然から食べ物をいただくという考え方から、「いただいてください」と言う場合には、必ずしも間違いとは言えない。

　✕ あなたが申されたように…
　〇 あなたがおっしゃったように…
　〇 あなたが言われたように…
　　※「申す」は「言う」の謙譲語。

「させていただきます」の是非

　「させていただきます」は過剰な敬語だという有名人の意見から、この言葉にダメ出しをするネット記事をよく見るようになりました。しかし、文化庁の「敬語の指針」（2007 年）によれば、次のような場合は妥当であるとしています。

「させていただきます」でよい場合

① 相手や第三者の許可を受けて行うようなこと
② そのことで、自分が恩恵を受けるという事実や
　気持ちがある場合

　この基準からすれば、次のような場合は適切な表現ということになります。

○ 貴社の報告書から引用させていただきました。
○ 事務所の鍵を貸していただきたいのですが。
○ 新商品のご案内を送らせていただきました。
○ ご提案させていただきたいと思っております。

　遠慮しすぎと言われるのは下の△のような場合ですが、「間違い」とは言い切れません。×は文法的に間違い。

△ 会議資料を送らせていただきます。
○ 会議資料をお送り致します。
× 会議資料を送らさせていただきます。

📍「お」と「ご」のつけ方

「お」と「ご」のつけ方にも迷うことが多いと思います。

たとえば、自分に関する事物に「お」「ご」をつけてはいけないという原則を杓子定規に解釈している人がいますが、相手に対する自分の行動につけて謙譲語として機能させる場合もあります。また、相手への言葉づかいをきれいにするためだけに「お」「ご」をつける美化語としてのつかい方もあります。

さきほどお電話をいただき…（尊敬語）
さきほどお電話を致しました。（謙譲語）

ていねいなご説明ありがとうございます。（尊敬語）
ご説明は十分でしたでしょうか。（謙譲語）

お車を手配します。（美化語）
お酒をご用意致しました。（美化語）

以上は、名詞に「お」「ご」がつく場合ですが、動詞につく場合には、次のような法則があるので覚えておきましょう。

🖱 動詞に「お」「ご」がつく場合

①「お（ご）〜くださる」「お（ご）〜になる」は尊敬語。→「お待ちください」「お待ちになる」

②「お（ご）〜する」「お（ご）〜致す」「お（ご）〜申し上げる」は謙譲語。→「お待ちする」「お待ち致します」「お待ち申し上げます」

第三者が登場するときの敬語

　敬語で困るのは、書いている文章の中に、第三者が登場する場合です。相手や相手に属するものには尊敬語、自分や自分に属するものには謙譲語という原則がわかっていても、年配の上司のことを取引先の若い担当者に対してへり下らせてよいのか迷う人は多いようです。

　ビジネスシーンでは、次のことを意識するようにします。

> ### 第三者にふれるときの敬語のルール
>
> ① 社外の相手へのメール・会話の中で、自分および自分の身内について述べる場合は、自分および自分の身内を低める表現をする
> ② この場合、社内の人間は役職や年齢にかかわらず、すべて身内と考える
> ③ 社外の相手へのメール・会話の中で、相手の会社の人間は役職や年齢にかかわらず、高める表現をする

　人物の呼び方についても間違いがよく見られます。

　役職名は名前の後につけると敬称になるので、社外の相手に対して自社の上司を「山田課長が」と書くと間違いになります。肩書が必要なときは「課長の山田が」「課長が」とします。相手側の上司を「鈴木課長」と呼ぶのは正しい書き方です。

　こういったことを頭において、社外の相手へのメールや会話の中では、右のように表現します。

社外の相手へのメールや会話の中で…

▶ 自社の社長にふれる
「明日は社長がそちらに参ります」

▶ 自分の上司にふれる
「課長がお目にかかりたいと申しておりました」

▶ 自分の家族にふれるとき
「父がそちらにお伺いしたことがあると申しておりました」

▶ 相手の上司にふれる
「先日、鈴木課長にお目にかかりました」

▶ 相手の上司と自分の上司（山田）にふれる
「鈴木課長から山田にご連絡をいただきました」

▶ 相手の部下（佐藤）と自分の上司（山田）にふれる
「昨日は佐藤様がわざわざご来社くださり、山田に書類を届けてくださいました」

▶ 別の取引先の人間にふれる
「□□社の伊藤様からお渡しするよう申しつかりました」
「□□社の伊藤様がメールアドレスを教えていただきたいとのことです」

便利言葉を
つかいこなす

便利な表現は自分のものにする

　ボキャブラリー（語彙）が多いほど文章は書きやすいもの。ボキャブラリーが少ないと、「なんかいい言い方があったなあ」と悩んで言葉選びに費やす時間が長くなります。

　ボキャブラリーを増やす一番の方法は、他人の話す言葉や書いた文章に多くふれることです。そこで、便利な表現や言葉を見つけたら、自分でも早速つかってみると身につきやすくなります。ただし、よく理解せずに真似をしていると、とんでもない間違いをしてしまうこともあります。つかうのであれば、自分で調べて意味を把握すること。調べる作業を重ねることでも、ボキャブラリーは増やせます。

ボキャブラリーの増やし方

① 面倒くさがらずに文章に多くふれる

② 新しい表現に出会ったら自分でもつかってみる

③ つかう前に、改めて意味を調べる。ネット記事は間違いも多いので、複数参照して吟味したり、辞書にあたったりする

◉「ご査収ください」

「ご査収ください」の「査」には「調べる」という意味があります。「調べて受け取ってください」つまり「ご確認ください」と同様の表現と言えます。

> 領収書をお送り致しましたので、ご査収ください。

この言葉は、相手に書類などを送ったときにつかうもので、相手から送られてきた書類について「ご査収しました」と言うと偉そうな態度になるので気をつけましょう。

◉「お納めください」

お歳暮やお中元、お土産などを送るときにつかいます。

> 記念品をお送り致しましたので、どうぞお納めください。

ちなみに、第1章でもふれましたが、物を贈るときに「つまらないもの」というのは失礼だから「ささやかなもの」に言い換えなさいという意見が見受けられます。しかし、「つまらないもの」は日本の伝統的な「へり下り」の表現なので、間違いではありません。「ささやかなもの」も大して意味に変わりはありません。

◉「おかげさまで」

「おかげさまで」は、直接的に助けてもらったわけではない場合もつかいます。企業が世間に向けて「おかげさまで創業

50 周年を迎えることができました」などと書くのも同様の意味です。

> おかげさまで、本日から業務を再開できました。

⊙「ご快諾いただきまして」

依頼したことを受けてもらったときのお礼につかう言葉です。「快く承諾してくださって…」という意味です。この表現は、お礼のときにしかつかいません。

> 急なお願いにもかかわらずご快諾いただきまして、誠にありがとうございます。

⊙「ご承諾いただきたく」

「承諾」は「聞いて受け入れること」。依頼などの文面でつかえるていねいな表現です。

> ご承諾いただきたくお願い申し上げます。

少しやわらかくして、「お受けいただく」という言い回しもできます。

> ぜひともお受けいただきたくお願い申し上げます。

関連して、「ご承認くださいますよう…」という場合は、こちらが示した事柄について相手側が認めたり許可したりする立場にあるときに適した表現です。

📍「ご了承いただきたく」

　「ご了承いただきたく、お願い申し上げます」「ご理解のほど、お願い申し上げます」などは、相手側に何か不本意なことがあるかもしれない場合に事前に理解を求めたり、こちら側に責任はないことを説明したりするときにつかう言い回しです。通常の仕事の依頼ではつかいません。

> 予定が変更になる場合もありますので、あらかじめご了承ください。

> 一般家庭向けの仕様とはなっておりませんので、ご理解のほどお願い申し上げます。

　似た表現に「お含みおきください」があります。「心にとめておいてください」という意味で、「ご了承ください」「ご理解ください」と同様の意味になりますが、一般消費者に向けての文章にはあまりつかわれていません。

> 会議資料として最終版を配布できない可能性がありますことをお含みおきください。

📍「ご尽力をいただき」

　相手の協力に感謝を述べたいとき、相手がしてくれたこと全体を「ご尽力」と言い表すことで、範囲を限定しない広い感謝を表すことができます。

> このたび多大なるご尽力を賜りましたこと、深く感謝申し
> 上げます。

　少し柔らかい言い方として「お骨折りをいただき」という表現もあります。内容によっては、「ご協力」「ご支援」「ご指導」などもよくつかわれます。

📍「ご教示いただきたく」

　「ご教示いただきたい」は「教えてほしい」という意味ですが、少しかしこまった表現にすることで、相手の知識や経験を敬う気持ちをこめることができます。

> 解決方法についてご教示いただきたくお願い申し上げます。

　混同して「ご教授」と書いている例を見かけますが、「教授」は主に学問や技芸などを教え授けることを意味します。

📍「ご示唆を賜りまして」

　「示唆」は「ほのめかす」という意味で、はっきりと何かを教えるというよりは、方向性を示すような場合につかいます。いろいろと指導してもらった相手にお礼を言う場合などによくつかわれます。

> 何かとご示唆を賜りまして、誠にありがとうございました。

著者紹介

中川路 亜紀　（なかかわじ あき）
神戸市生まれ。早稲田大学第一文学部卒業。出版社勤務を経て1998年、コミュニケーション・ファクトリーを設立。ビジネス文書やメールなどビジネスコミュニケーション関連の著述・講演活動を行っている。主な著書に『ビジネスメール文章術』『気のきいた短いメールが書ける本』（ダイヤモンド社）、『ビジネスメール即効お役立ち表現』（集英社）、『あなたのメールは、なぜ相手を怒らせるのか？』（光文社）、『段取り上手のメール』（文藝春秋）がある。

本文デザイン・DTP ／ベラビスタスタジオ

「仕事がしやすい」と言われる人の
メール術

2023年6月25日　第1刷

著　　者	中川路亜紀
発 行 者	小澤源太郎
責 任 編 集	株式会社 プライム涌光

電話　編集部　03（3203）2850

発 行 所	株式会社 青春出版社

東京都新宿区若松町12番1号　〒162-0056
振替番号　00190-7-98602
電話　営業部　03（3207）1916

印刷　中央精版印刷　製本　フォーネット社

万一、落丁、乱丁がありました節は、お取りかえします。
ISBN978-4-413-23310-1 C0030
© Aki Nakakawaji 2023 Printed in Japan

お願い　ページわりの関係からここでは一部の既刊本しか掲載してありません。
折り込みの出版案内もご参考にご覧ください。

著者紹介

中川路 亜紀　（なかかわじ あき）
神戸市生まれ。早稲田大学第一文学部卒業。出版社勤務を経て1998年、コミュニケーション・ファクトリーを設立。ビジネス文書やメールなどビジネスコミュニケーション関連の著述・講演活動を行っている。主な著書に『ビジネスメール文章術』『気のきいた短いメールが書ける本』（ダイヤモンド社）、『ビジネスメール即効お役立ち表現』（集英社）、『あなたのメールは、なぜ相手を怒らせるのか？』（光文社）、『段取り上手のメール』（文藝春秋）がある。

本文デザイン・DTP／ベラビスタスタジオ

「仕事がしやすい」と言われる人の
メール術

2023年6月25日　第1刷

著　　者	中川路亜紀	
発　行　者	小澤源太郎	
責任編集	株式会社　プライム涌光	
	電話　編集部　03(3203)2850	
発　行　所	株式会社　青春出版社	

東京都新宿区若松町12番1号 〒162-0056
振替番号　00190-7-98602
電話　営業部　03(3207)1916

印　刷　中央精版印刷　製　本　フォーネット社

万一、落丁、乱丁がありました節は、お取りかえします。
ISBN978-4-413-23310-1 C0030
© Aki Nakakawaji 2023 Printed in Japan